January 18, 1999

What do I consider my most important Contributions?

- That I early on—almost sixty years ago—realized that MANAGEMENT has become the constitutive organ and function of the <u>Society of Organizations</u>;

- That MANAGEMENT is not "Business Management- though it first attained attention in business- but the governing organ of ALL institutions of Modern Society;

- That I established the study of MANAGEMENT as a DISCIPLINE in its own right; and

- That I focused this discipline on People and Power; on Values; Structure and Constitution; AND ABOVE ALL ON RESPONSIBILITIES- that is focused the <u>Discipline of Management</u> on Management as a truly LIBERAL ART.

Peter F. Drucker

我认为我最重要的贡献是什么？

- 早在60年前，我就认识到管理已经成为组织社会的基本器官和功能；
- 管理不仅是"企业管理"，而且是所有现代社会机构的管理器官，尽管管理最初侧重于企业管理；
- 我创建了管理这门独立的学科；
- 我围绕着人与权力、价值观、结构和方式来研究这一学科，尤其是围绕着责任。管理学科是把管理当作一门真正的人文艺术。

彼得·德鲁克
1999年1月18日

注：资料原件打印在德鲁克先生的私人信笺上，并有德鲁克先生亲笔签名，现藏于美国德鲁克档案馆。为纪念德鲁克先生，本书特收录这一珍贵资料。本资料由德鲁克管理学专家那国毅教授提供。

彼得·德鲁克和妻子多丽丝·德鲁克

德鲁克妻子多丽丝寄语中国读者

在此谨向广大的中国读者致以我诚挚的问候。本书深入介绍了德鲁克在管理领域的多种理念和见解。我相信他的管理思想得以在中国广泛应用,将有赖于出版及持续的教育工作,从而令更多人受惠于他的馈赠。

盼望本书可以激发各位对构建一个令人憧憬的美好社会的希望,并推动大家在这一过程中积极发挥领导作用,他的在天之灵定会备感欣慰。

Doris Drucker

注:本页照片和多丽丝寄语原文与亲笔签名由北京光华博雅管理研修学院提供。

管理新现实

[美] 彼得·德鲁克 著

吴振阳 等译

The New Realities

彼得·德鲁克全集

机械工业出版社
CHINA MACHINE PRESS

图书在版编目（CIP）数据

管理新现实/（美）彼得·德鲁克（Peter F. Drucker）著；吴振阳等译 . —北京：机械工业出版社，2019.1（2025.6重印）

（彼得·德鲁克全集）

书名原文：The New Realities

ISBN 978-7-111-61500-2

I. 管… II. ① 彼… ② 吴… III. 企业管理 IV. F272

中国版本图书馆CIP数据核字（2018）第269003号

北京市版权局著作权合同登记 图字：01-2014-0937号。

Peter F. Drucker. The New Realities.
ISBN 9780765805331

Copyright © 2018 by Taylor & Francic Group, LLC.

Chinese (Simplified Characters only) Trade Paperback Copyright © 2019 by China Machine Press.

This edition arranged with Routledge, a member of the Taylor & Francis Group, LLC through Big Apple Agency. This edition is authorized for sale in the Chinese mainland (excluding Hong Kong SAR, Macao SAR and Taiwan).

No part of this book may be reproduced or transmitted in any form or by any means, electronic or mechanical, including photocopying, recording or any information storage and retrieval system, without permission, in writing, from the publisher.

All rights reserved.

Copies of this book sold without a Taylor & Francis sticker on the cover are unauthorized and illegal.

本书中文简体字版由Routledge, a member of the Taylor & Francis Group, LLC通过Big Apple Agency授权机械工业出版社在中国大陆地区（不包括香港、澳门特别行政区及台湾地区）独家出版发行。未经出版者书面许可，不得以任何方式抄袭、复制或节录本书中的任何部分。

本书贴有Taylor & Francis公司防伪标签，无标签者不得销售。

本书两面插页所用资料由彼得·德鲁克管理学院和那国毅教授提供。封面中签名摘自德鲁克先生为彼得·德鲁克管理学院的题词。

管理新现实

出版发行：机械工业出版社（北京市西城区百万庄大街22号　邮政编码：100037）

责任编辑：岳小月　　　　　　　　　　　　　责任校对：李秋荣

印　　刷：固安县铭成印刷有限公司　　　　　版　　次：2025年6月第1版第5次印刷

开　　本：170mm×230mm　1/16　　　　　　印　　张：17.5

书　　号：ISBN 978-7-111-61500-2　　　　　定　　价：79.00元

客服电话：（010）88361066　68326294

版权所有·侵权必究
封底无防伪标均为盗版

如果您喜欢彼得·德鲁克（Peter F. Drucker）或者他的书籍，那么请您尊重德鲁克。不要购买盗版图书，以及以德鲁克名义编纂的伪书。

谨以本书献给我的孙辈

诺娃（Nova）、马林（Marin）、杰里米（Jeremy）、米娅（Miya）、凯斯（Keith）和埃里森（Allision）

| 目 录 |

推荐序一（邵明路）
推荐序二（赵曙明）
推荐序三（珍妮·达罗克）
本版序言
初版序言

第一部分 | **政治现实**

第1章　分水岭　/ 3
第2章　社会拯救的式微　/ 9
第3章　罗斯福时代美国的终结　/ 15
第4章　苏联的解体　/ 23
第5章　军备的破坏性　/ 38

第二部分 | **政府和政治过程**

第6章　政府的局限性　/ 53

第 7 章　新型多元化　/ 70

第 8 章　警惕魅力：对政治领导力的新要求　/ 98

第三部分 | **经济、生态和经济学**

第 9 章　跨国经济与跨国生态　/ 107

第 10 章　经济发展的悖论　/ 130

第 11 章　十字路口的经济学　/ 144

第四部分 | **知识社会**

第 12 章　后商业社会　/ 161

第 13 章　两种反传统文化　/ 174

第 14 章　信息型组织　/ 192

第 15 章　管理的社会职能及博雅技艺　/ 204

第 16 章　变化中的知识基础　/ 215

结论　从分析到感知：新世界观　/ 235

译者后记　/ 245

| 推荐序一 |

功能正常的社会和博雅管理
为"彼得·德鲁克全集"作序

享誉世界的"现代管理学之父"彼得·德鲁克先生自认为,虽然他因为创建了现代管理学而广为人知,但他其实是一名社会生态学者,他真正关心的是个人在社会环境中的生存状况,管理则是新出现的用来改善社会和人生的工具。他一生写了39本书,只有15本书是讲管理的,其他都是有关社群(社区)、社会和政体的,而其中写工商企业管理的只有两本书(《为成果而管理》和《创新与企业家精神》)。

德鲁克深知人性是不完美的,因此人所创造的一切事物,包括人设计的社会也不可能完美。他对社会的期待和理想并不高,那只是一个较少痛苦,还可以容忍的社会。不过,它还是要有基本的功能,为生活在其中的人提供可以正常生活和工作的条件。这些功能或条件,就好像一个生命体必须具备正常的生命特征,没有它们社会也就不成其为社会了。值得留意的是,社会并不等同于"国家",因为"国(政府)"和"家(家庭)"不可能提供一个社会全部必要的职能。在德鲁克眼里,功能正常的社会至少要由三大类机构组成:

政府、企业和非营利机构，它们各自发挥不同性质的作用，每一类、每一个机构中都要有能解决问题、令机构创造出独特绩效的权力中心和决策机制，这个权力中心和决策机制同时也要让机构里的每个人各得其所，既有所担当、做出贡献，又得到生计和身份、地位。这些在过去的国家中从来没有过的权力中心和决策机制，或者说新的"政体"，就是"管理"。在这里德鲁克把企业和非营利机构中的管理体制与政府的统治体制统称为"政体"，是因为它们都掌握权力，但是，这是两种性质截然不同的权力。企业和非营利机构掌握的，是为了提供特定的产品和服务，而调配社会资源的权力，政府所拥有的，则是维护整个社会的公平、正义的裁夺和干预的权力。

在美国克莱蒙特大学附近，有一座小小的德鲁克纪念馆，走进这座用他的故居改成的纪念馆，正对客厅入口的显眼处有一段他的名言：

> 在一个由多元的组织所构成的社会中，使我们的各种组织机构负责任地、独立自治地、高绩效地运作，是自由和尊严的唯一保障。有绩效的、负责任的管理是对抗和替代极权专制的唯一选择。

当年纪念馆落成时，德鲁克研究所的同事们问自己，如果要从德鲁克的著作中找出一段精练的话，概括这位大师的毕生工作对我们这个世界的意义，会是什么？他们最终选用了这段话。

如果你了解德鲁克的生平，了解他的基本信念和价值观形成的过程，你一定会同意他们的选择。从他的第一本书《经济人的末日》到他独自完成的最后一本书《功能社会》之间，贯穿着一条抵制极权专制、捍卫个人自由和尊严的直线。这里极权的极是极端的极，不是集中的集，两个词一字之差，其含义却有着重大区别，因为人类历史上由来已久的中央集权统治直到20世纪才有条件变种成极权主义。极权主义所谋求的，是从肉体到精神，全面、彻底地操纵和控制人类的每一个成员，把他们改造成实现个别极权主义者梦想的人形机器。20世纪给人类带来最大灾难和伤害的战争和运动，都是极权主义的"杰作"，德鲁克青年时代经历的希特勒纳粹主义正是其中之一。要了解德鲁克的经历怎样影响了他的信念和价值观，最好去读他的《旁观者》；要弄清什么是极权主义和为什么大众会拥护它，可以去读汉娜·阿伦特1951年出版的《极权主义的起源》。

好在历史的演变并不总是令人沮丧。工业革命以来，特别是从1800年开始，最近这200年生产力呈加速度提高，不但造就了物质的极大丰富，还带来社会结构的深刻改变，这就是德鲁克早在80年前就敏锐地洞察和指出的，多元的、组织型的新社会的形成：新兴的企业和非营利机构填补了由来已久的"国（政府）"和"家（家庭）"之间的断层和空白，为现代国家提供了真正意义上的种种社会功能。在这个基础上，教育的普及和知识工作者的崛起，正在造就知识经济和知识社会，而信息科技成为这一切变化的加速器。要特别说明，"知识工作者"是德鲁克创造的一个称谓，泛指具备和应用专门知识从事生产工作，为社会创造出有用的产品和服务的人群，这包括企业家和在任何机构中的管理者、专业人士和技工，也包括社会上的独立执业人士，如会计师、律师、咨询师、培训师等。在21世纪的今天，由于知识的应用领域一再被扩大，个人和个别机构不再是孤独无助的，他们因为掌握了某项知识，就拥有了选择的自由和影响他人的权力。知识工作者和由他们组成的知识型组织不再是传统的知识分子或组织，知识工作者最大的特点就是他们的独立自主，可以主动地整合资源、创造价值，促成经济、社会、文化甚至政治层面的改变，而传统的知识分子只能依附于当时的统治当局，在统治当局提供的平台上才能有所作为。这是一个划时代的、意义深远的变化，而且这个变化不仅发生在西方发达国家，也发生在发展中国家。

在一个由多元组织构成的社会中，拿政府、企业和非营利机构这三类组织相互比较，企业和非营利机构因为受到市场、公众和政府的制约，它们的管理者不可能像政府那样走上极权主义统治，这是它们在德鲁克看来，比政府更重要、更值得寄予希望的原因。尽管如此，它们仍然可能因为管理缺位或者管理失当，例如官僚专制，不能达到德鲁克期望的"负责任地、高绩效地运作"，从而为极权专制垄断社会资源让出空间、提供机会。在所有机构中，包括在互联网时代虚拟的工作社群中，知识工作者的崛起既为新的管理提供了基础和条件，也带来对传统的"胡萝卜加大棒"管理方式的挑战。德鲁克正是因应这样的现实，研究、创立和不断完善现代管理学的。

1999年1月18日，德鲁克接近90岁高龄，在回答"我最重要的贡献是什么"这个问题时，他写了下面这段话：

> 我着眼于人和权力、价值观、结构和规范去研究管理学，而在所有这些之上，我聚焦于"责任"，那意味着我是把管理学当作一门真正的"博雅技艺"来看待的。

给管理学冠上"博雅技艺"的标识是德鲁克的首创，反映出他对管理的独特视角，这一点显然很重要，但是在他众多的著作中却没找到多少这方面的进一步解释。最完整的阐述是在他的《管理新现实》这本书第15章第五小节，这节的标题就是"管理是一种博雅技艺"：

> 30年前，英国科学家兼小说家斯诺（C. P. Snow）曾经提到当代社会的"两种文化"。可是，管理既不符合斯诺所说的"人文文化"，也不符合他所说的"科学文化"。管理所关心的是行动和应用，而成果正是对管理的考验，从这一点来看，管理算是一种科技。可是，管理也关心人、人的价值、人的成长与发展，就这一点而言，管理又算是人文学科。另外，管理对社会结构和社群（社区）的关注与影响，也使管理算得上是人文学科。事实上，每一个曾经长年与各种组织里的管理者相处的人（就像本书作者）都知道，管理深深触及一些精神层面关切的问题——像人性的善与恶。
>
> 管理因而成为传统上所说的"博雅技艺"（liberal art）——是"博雅"（liberal），因为它关切的是知识的根本、自我认知、智慧和领导力，也是"技艺"（art），因为管理就是实行和应用。管理者从各种人文科学和社会科学中——心理学和哲学、经济学和历史、伦理学，以及从自然科学中，汲取知识与见解，可是，他们必须把这种知识集中在效能和成果上——治疗病人、教育学生、建造桥梁，以及设计和销售容易使用的软件程序等。

作为一个有多年实际管理经验，又几乎通读过德鲁克全部著作的人，我曾经反复琢磨过为什么德鲁克要说管理学其实是一门"博雅技艺"。我终于意识到这并不仅仅是一个标新立异的溢美之举，而是在为管理定性，它揭示了管理的本质，提出了所有管理者努力的正确方向。这至少包括了以下几重含义：

第一，管理最根本的问题，或者说管理的要害，就是管理者和每个知识工作者怎么看待与处理人和权力的关系。德鲁克是一位基督徒，他的宗教信仰和他的生活经验相互印证，对他的研究和写作产生了深刻的影响。在他看来，人是不应该有权力（power）的，只有造人的上帝或者说造物主才拥有权力，造物主永远高于人类。归根结底，人性是软弱的，经不起权力的引诱和考验。因此，人可以拥有的只是授权（authority），也就是人只是在某一阶段、某一事情上，因为所拥有的品德、知识和能力而被授权。不但任何个人是这样，整个人类也是这样。民主国家中"主权在民"，但是人民的权力也是一种授权，是造物主授予的，人在这种授权之下只是一个既有自由意志，又要承担责任的"工具"，他是造物主的工具而不能成为主宰，不能按自己的意图去操纵和控制自己的同类。认识到这一点，人才会谦卑而且有责任感，他们才会以造物主才能够掌握、人类只能被其感召和启示的公平正义，去时时检讨自己，也才会甘愿把自己置于外力强制的规范和约束之下。

第二，尽管人性是不完美的，但是人彼此平等，都有自己的价值，都有自己的创造能力，都有自己的功能，都应该被尊敬，而且应该被鼓励去创造。美国的独立宣言和宪法中所说的，人生而平等，每个人都有与生俱来、不证自明的权利（rights），正是从这一信念而来的，这也是德鲁克的管理学之所以可以有所作为的根本依据。管理者是否相信每个人都有善意和潜力？是否真的对所有人都平等看待？这些基本的或者说核心的价值观和信念，最终决定他们是否能和德鲁克的学说发生感应，是否真的能理解和实行它。

第三，在知识社会和知识型组织里，每一个工作者在某种程度上，都既是知识工作者，也是管理者，因为他可以凭借自己的专门知识对他人和组织产生权威性的影响——知识就是权力。但是权力必须和责任捆绑在一起。而一个管理者是否负起了责任，要以绩效和成果做检验。凭绩效和成果问责的权力是正当和合法的权力，也就是授权（authority），否则就成为德鲁克坚决反对的强权（might）。绩效和成果之所以重要，不但在经济和物质层面，而且在心理层面，都会对人们产生影响。管理者和领导者如果持续不能解决现实问题，大众在彻底失望之余，会转而选择去依赖和服从强权，同时甘愿交出自己的自由和尊严。这就是为什么德鲁克一再警告，如果管理失败，极权主义就会取而代之。

第四，除了让组织取得绩效和成果，管理者还有没有其他的责任？或者换一种说法，绩效和成果仅限于可量化的经济成果和财富吗？对一个工商企业来说，除了为客户提供价廉物美的产品和服务、为股东赚取合理的利润，能否同时成为一个良好的、负责任的"社会公民"，能否同时帮助自己的员工在品格和能力两方面都得到提升呢？这似乎是一个太过苛刻的要求，但它是一个合理的要求。我个人在十多年前，和一家这样要求自己的后勤服务业的跨国公司合作，通过实践认识到这是可能的。这意味着我们必须学会把伦理道德的诉求和经济目标，设计进同一个工作流程、同一套衡量系统，直至每一种方法、工具和模式中去。值得欣慰的是，今天有越来越多的机构开始严肃地对待这个问题，在各自的领域做出肯定的回答。

第五,"作为一门博雅技艺的管理"或称"博雅管理",这个讨人喜爱的中文翻译有一点儿问题,从翻译的"信、达、雅"这三项专业要求来看,雅则雅矣,信有不足。liberal art 直译过来应该是"自由的技艺",但最早的繁体字中文版译成了"博雅艺术",这可能是想要借助它在中国语文中的褒义,我个人还是觉得"自由的技艺"更贴近英文原意。liberal 本身就是自由。art 可以译成艺术,但管理是要应用的,是要产生绩效和成果的,所以它首先应该是一门"技能"。另一方面,管理的对象是人们的工作,和人打交道一定会面对人性的善恶,人的千变万化的意念——感性的和理性的,从这个角度看,管理又是一门涉及主观判断的"艺术"。所以 art 其实更适合解读为"技艺"。liberal——自由,art——技艺,把两者合起来就是"自由技艺"。

最后我想说的是,我之所以对 liberal art 的翻译这么咬文嚼字,是因为管理学并不像人们普遍认为的那样,是一个人或者一个机构的成功学。它不是旨在让一家企业赚钱,在生产效率方面达到最优,也不是旨在让一家非营利机构赢得道德上的美誉。它旨在让我们每个人都生存在其中的人类社会和人类社群(社区)更健康,使人们较少受到伤害和痛苦。让每个工作者,按照他与生俱来的善意和潜能,自由地选择他自己愿意在这个社会或社区中所承担的责任;自由地发挥才智去创造出对别人有用的价值,从而履行这样的责任;并且在这样一个创造性工作的过程中,成长为更好和更有能力的人。这就是德鲁克先生定义和期待的,管理作为一门"自由技艺",或者叫"博雅管理",它的真正的含义。

邵明路

彼得·德鲁克管理学院创办人

| 推荐序二 |

跨越时空的管理思想

20多年来，机械工业出版社关于德鲁克先生著作的出版计划在国内学术界和实践界引起了极大的反响，每本书一经出版便会占据畅销书排行榜，广受读者喜爱。我非常荣幸，一开始就全程参与了这套丛书的翻译、出版和推广活动。尽管这套丛书已经面世多年，然而每次去新华书店或是路过机场的书店，总能看见这套书静静地立于书架之上，长盛不衰。在当今这样一个强调产品迭代、崇尚标新立异、出版物良莠难分的时代，试问还有哪本书能做到这样呢？

如今，管理学研究者们试图总结和探讨中国经济与中国企业成功的奥秘，结论众说纷纭、莫衷一是。我想，企业成功的原因肯定是多种多样的。中国人讲求天时、地利、人和，缺一不可，其中一定少不了德鲁克先生著作的启发、点拨和教化。从中国老一代企业家（如张瑞敏、任正非），及新一代的优秀职业经理人（如方洪波）的演讲中，我们常常可以听到来自先生的真知灼见。在当代管理学术研究中，我们也可以常常看出先生的思想指引和学术影响。我常常对学生说，当你不能找到好的研究灵感时，可以去翻翻先生的著作；当你对企业实践困惑不解时，也可以把先生的著作放在床头。简言之，要想了解现代管理理论和实践，首先要从研读德鲁克先生的著作开始。基于这个原因，1991年我从美国学成回国后，在南京大学商学院图书馆的一角专门开辟了德鲁克著作之窗，并一手创办了德鲁克论坛。至今，我已在南京大学商学院举办了100多期德鲁克论坛。在这一点上，我们也要感谢机械工业出版社为德鲁克先生著作的翻译、出版和推广付出的辛勤努力。

在与企业家的日常交流中，当发现他们存在各种困惑的时候，我常常推荐企业家阅读德鲁克先生的著作。这是因为，秉持奥地利学派的一贯传统，德鲁克先生总是将企业家和创新作为著作的中心思想之一。他坚持认为："优秀的企业家和企业家精神是一个国家最为重要的资源。"在企业发展过程中，企业家总是面临着效率和创新、制度和个性化、利润和社会责任、授权和控制、自我和他人等不同的矛盾与冲突。企业家总是在各种矛盾与冲突中成长和发展。现代工商管理教育不但需要传授建立现代管理制度的基本原理和准则，同时也要培养一大批具有优秀管理技能的职业经理人。一个有效的组织既离不开良好的制度保证，同时也离不开有效的管理者，两者缺一不可。这是因为，一方面，企业家需要通过对管理原则、责任和实践进行研究，探索如何建立一个有效的管理机制和制度，而衡量一个管理制度是否有效的标准就在于该制度能否将管理者个人特征的影响降到最低限度；另一方面，一个再高明的制度，如果没有具有职业道德的员工和管理者的遵守，制度也会很容易土崩瓦解。换言之，一个再高效的组织，如果缺乏有效的管理者和员工，组织的效率也不可能得到实现。虽然德鲁克先生的大部分著作是有关企业管理的，但是我们可以看到自由、成长、创新、多样化、多元化的思想在其著作中是一以贯之的。正如德鲁克在《旁观者》一书的序言中所阐述的，"未来是'有机体'的时代，由任务、目的、策略、社会的和外在的环境所主导"。很多人喜欢德鲁克提出的概念，但是德鲁克却说，"人比任何概念都有趣多了"。德鲁克本人虽然只是管理的旁观者，但是他对企业家工作的理解、对管理本质的洞察、对人性复杂性的观察，鞭辟入里、入木三分，这也许就是企业家喜爱他的著作的原因吧！

德鲁克先生从研究营利组织开始，如《公司的概念》(1946年)，到研究非营利组织，如《非营利组织的管理》(1990年)，再到后来研究社会组织，如《功能社会》(2002年)。虽然德鲁克先生的大部分著作出版于20世纪六七十年代，然而其影响力却是历久弥新的。在他的著作中，读者很容易找到许多最新的管理思想的源头，同时也不难获悉许多在其他管理著作中无法找到的"真知灼见"，从组织的使命、组织的目标以及工商企业与服务机构的异同，到组织绩效、富有效率的员工、员工成就、员工福利和知识工作者，再到组织的社会影响与社会责任、企业与政府的关系、管理者的工作、管理工作的设计与内涵、管理人员的开发、目标管理与自我控制、中层管理者和知识型组织、有效决策、管理沟通、管理控制、面向未来的管理、组织的架构与设计、企业的合理规模、多角化经营、多国公司、企业成长和创新型组织等。

30多年前在美国读书期间，我就开始阅读先生的著作，学习先生的思想，并聆听先生的课堂教学。回国以后，我一直把他的著作放在案头。尔后，每隔一段时间，每每碰到新问题，就重新温故。令人惊奇的是，随着阅历的增长、知识的丰富，每次重温的时候，竟然会生出许多不同以往的想法和体会。仿佛这是一座挖不尽的宝藏，让人久久回味，有幸得以伴随终生。一本著作一旦诞生，就独立于作者、独立于时代而专属于每个读者，不同地理区域、不同文化背景、不同时代的人都能够从中得到启发、得到教育。这样的书是永恒的、跨越时空的。我想，德鲁克先生的著作就是如此。

特此作序，与大家共勉！

南京大学人文社会科学资深教授、商学院名誉院长

博士生导师

2018 年 10 月于南京大学商学院安中大楼

| 推荐序三 |

彼得·德鲁克与伊藤雅俊管理学院是因循彼得·德鲁克和伊藤雅俊命名的。德鲁克生前担任玛丽·兰金·克拉克社会科学与管理学教席教授长达三十余载,而伊藤雅俊则受到日本商业人士和企业家的高度评价。

彼得·德鲁克被称为"现代管理学之父",他的作品涵盖了39本著作和无数篇文章。在德鲁克学院,我们将他的著述加以浓缩,称之为"德鲁克学说",以撷取德鲁克著述在五个关键方面的精华。

我们用以下框架来呈现德鲁克著述的现实意义,并呈现他的管理理论对当今社会的深远影响。

这五个关键方面如下。

(1)**对功能社会重要性的信念**。一个功能社会需要各种可持续性的组织贯穿于所有部门,这些组织皆由品行端正和有责任感的经理人来运营,他们很在意自己为社会带来的影响以及所做的贡献。德鲁克有两本书堪称他在功能社会研究领域的奠基之作。第一本书是《经济人的末日》(1939年),"审视了法西斯主义的精神和社会根源"。然后，在接下来出版的《工业人的未来》（1942年）一书中，德鲁克阐述了自己对第二次世界大战后社会的展望。后来，因为对健康组织对功能社会的重要作用兴趣盎然，他的主要关注点转到了商业。

（2）**对人的关注**。德鲁克笃信管理是一门博雅艺术，即建立一种情境，使博雅艺术在其中得以践行。这种哲学的宗旨是：管理是一项人的活动。德鲁克笃信人的潜质和能力，而且认为卓有成效的管理者是通过人来做成事情的，因为工作会给人带来社会地位和归属感。德鲁克提醒经理人，他们的职责可不只是给大家发一份薪水那么简单。

对于如何看待客户，德鲁克也采取"以人为本"的思想。他有一句话人人知晓，即客户决定了你的生意是什么，这门生意出品什么以及这门生意日后能否繁荣，因为客户只会为他们认为有价值的东西买单。理解客户的现实以及客户崇尚的价值是"市场营销的全部所在"。

（3）**对绩效的关注**。经理人有责任使一个组织健康运营并且持续下去。考量经理人的凭据是成果，因此他们要为那些成果负责。德鲁克同样认为，成果负责制要渗透到组织的每一个层面，务求淋漓尽致。

制衡的问题在德鲁克有关绩效的论述中也有所反映。他深谙若想提高人的生产力，就必须让工作给他们带来社会地位和意义。同样，德鲁克还论述了在延续性和变化二者间保持平衡的必要性，他强调面向未来并且看到"一个已经发生的未来"是经理人无法回避的职责。经理人必须能够探寻复杂、模糊的问题，预测并迎接变化乃至更新所带来的挑战，要能看到事情目前的样貌以及可能呈现的样貌。

（4）**对自我管理的关注**。一个有责任心的工作者应该能驱动他自己，能设立较高的绩效标准，并且能控制、衡量并指导自己的绩效。但是首先，卓有成效的管理者必须能自如地掌控他们自己的想法、情绪和行动。换言之，内在意愿在先，外在成效在后。

（5）**基于实践的、跨学科的、终身的学习观念**。德鲁克崇尚终身学习，因为他相信经理人必须要与变化保持同步。但德鲁克曾经也有一句名言："不要告诉我你跟我有过一次精彩的会面，告诉我你下周一打算有哪些不同。"这句话的意思正如我们理解的，我们必须关注"周一早上的不同"。

这些就是"德鲁克学说"的五个支柱。如果你放眼当今各个商业领域，就会发现这五个支柱恰好代表了五个关键方面，它们始终贯穿交织在许多公司使命宣言传达的讯息中。我们有谁没听说过高管宣称要回馈他们的社区，要欣然采纳以人为本的管理方法和跨界协同呢？

彼得·德鲁克的远见卓识在于他将管理视为一门博雅艺术。他的理论鼓励经理人去应用"博雅艺术的智慧和操守课程来解答日常在工作、学校和社会中遇到的问题"。也就是说，经理人的目光要穿越学科边界来解决这世上最棘手的一些问题，并且坚持不懈地问自己："你下周一打算有哪些不同？"

彼得·德鲁克的影响不限于管理实践，还有管理教育。在德鲁克学院，我们用"德鲁克学说"的五个支柱来指导课程大纲设计，也就是说，我们按照从如何进行自我管理到组织如何介入社会这个次序来给学生开设课程。

德鲁克学院一直十分重视自己的毕业生在管理实践中发挥的作用。其实，我们的使命宣言就是：

通过培养改变世界的全球领导者，来提升世界各地的管理实践。

有意思的是，世界各地的管理教育机构也很重视它们的学生在实践中的表现。事实上，这已经成为国际精英商学院协会（AACSB）认证的主要标志之一。国际精英商学院协会"始终致力于增进商界、学者、机构以及学生之间的交融，从而使商业教育能够与商业实践的需求步调一致"。

最后我想谈谈德鲁克和管理教育，我的观点来自 2001 年 11 月 *BizEd* 杂志第 1 期对彼得·德鲁克所做的一次访谈，这本杂志由商学院协会出版，受众是商学院。在访谈中，德鲁克被问道：在诸多事项中，有哪三门课最重要，是当今商学院应该教给明日之管理者的？

德鲁克答道：

第一课，他们必须学会对自己负责。太多的人仍在指望人事部门来照顾他们，他们不知道自己的优势，不知道自己的归属何在，他们对自己毫不负责。

第二课也是最重要的，要向上看，而不是向下看。焦点仍然放在对下属的管理上，但应开始关注如何成为一名管理者。管理你的上司比管理下属更重要。所以你要问："我应该为组织贡献什么？"

最后一课是必须修习基本的素养。是的，你想让会计做好会计的事，但你也想让她了解其他组织的功能何在。这就是我说的组织的基本素养。这类素养不是学一些相关课程就行了，而是与实践经验有关。

凭我一己之见，德鲁克在 2001 年给出的这则忠告，放在今日仍然适用。卓有成效的管理者需要修习自我管理，需要向上管理，也需要了解一个组织的功能如何与整个组织契合。

彼得·德鲁克对管理实践的影响深刻而巨大。他涉猎广泛，他的一些早期著述，如《管理的实践》(1954 年)、《卓有成效的管理者》(1966 年) 以及《创新与企业家精神》(1985 年)，都是我时不时会翻阅研读的书籍，每当我作为一个商界领导者被诸多问题困扰时，我都会从这些书中寻求答案。

珍妮·达罗克

彼得·德鲁克与伊藤雅俊管理学院院长

亨利·黄市场营销和创新教授

美国加州克莱蒙特市

| 本版序言 |

1989年夏天,本书初版时受到了极大的关注,但受到关注的原因,却是令人啼笑皆非的误解。实际上,每位评论者——大多数是美国之外的评论者,都只关注书中篇幅不长的一章,也就是"苏联的解体"那一章。实际上,每位评论者都认为这一章的标题非常荒谬。更荒谬的是,这一章居然讲苏联面临解体。例如,亨利·基辛格博士就撰文指出:"德鲁克一定是疯了。"两年后,即1991年,苏联真的解体了。

还有,即使是持赞赏态度的评论者,也把本书当作一本预测未来的书籍。然而,就像书名本身所昭示的那样,本书探讨的课题都不是预测性的,而是对现实的描述。

本书各章所揭示的是未来三四十年甚或更长时期的重要问题。然而,20世纪下半叶发生的各种事件,已在很大程度上确定了这些重要问题。本书力图明确阐述的核心问题是:政府、大学、企业、工会和教会等组织的决策者在制定决策时,需要考虑已经出现的未来因素。因此,他们需要知道哪些是已经出现但悖逆当前假设的事件,这些事件创造了新的现实。

知识分子和学者往往会相信观念先行：先要有观念，然后才会形成新的政治、社会、经济和心理现实。历史上确实出现过这种情况，但那些都是例外。一般而言，理论不会走在实践的前面。理论是对已经验证的实践的结构化和梳理，理论是把孤立的个案转化为规律和系统，转化为可以学习和传授以及能够应用到一般情况中的模式。理论是对新现实进行条理化，但一般而言，并不能创造新现实。

本书的写作和出版是在20世纪90年代信息技术迅速发展之前。就像瓦特的蒸汽机不仅仅是一种技术一样，信息也不仅仅是一种技术，还是一种组织原则。如果把信息当作一种传统技术，信息的迅速发展就必定难以为继。就像250年前瓦特的蒸汽机与传统的机械动力来源不同一样（他的很多模仿者没有理解这一点，这可能是他们没有成功的主要原因），信息也不同于传统的技术。自18世纪60年代瓦特发明蒸汽机以来直到最近的几十年，主导技术都是基于本书结论部分提出的"理性"，但信息是"感性"的。如果不从整体上着眼，构成信息的单位比特就是没有存在意义的。这就是信息革命基本和永恒的全新特征。

分析这一变化的全部意义还为时过早。当然，我也没有这种能力。毕竟我们用了整整100年的时间（直到1781年）去研究思考17世纪笛卡尔和牛顿引领的思想革命（intellectual revolution）的意义，然后才由现代最伟大的思想家伊曼努尔·康德（1724—1804）来完成这一历史使命。

本书不是哲学书籍，而是为决策者和渴望成为决策者的人所撰写的。他们中很多人，可能是大多数人，都还在根据过去的现实进行决策。例如，很多书籍和大学课程还在潜意识地假设生产线上的体力工人——蓝领工人是核心的人力资源，但在发达国家，工厂的蓝领体力工人已经是少数群体了。迅速发展的知识型技术专家已经成为新的截然不同的核心劳动力。在知识型技术专家组成的劳动力中，还在根据体力工人是核心劳动力这一假设做出决策，那当然是错误的。

  本书并没有试图提供答案，而是设法让 21 世纪基于信息的知识型组织的决策者问对问题。

彼得·德鲁克

2003 年春

于加利福尼亚州克莱蒙特

| 初版序言 |

本书写的不是未来的事情,也不是下一个世纪的事情。本书的出发点是下一个世纪已然来临。事实上,我们早已进入下一个世纪。我们虽然不知道答案,但确实知道问题所在。我们能够确定什么是应该采取的行动措施,也能够确定什么是普遍流行但没有效果的行动措施。现实不同于政治人物、经济学家、学者、商界人士和工会领袖还在关注、著述、演说的那些问题。令人信服的证据是,在很多方面,现在的政治学和经济学都已严重脱离现实,对此我们都有很深刻的体会。因此,虽然本书写的并不是未来的事情,但力图确定未来会成为现实的那些重要关注点、重大问题和争议。

我们面临的一些最严重的问题其实是由过去的成功所引起的,如福利国家的成功、20世纪发明的财政国家的成功、知识社会的成功等。取得成效的最大障碍是还在主导公众舆论并限制我们视野的一些过去的宣传口号、承诺和问题,而我们已经遗忘得差不多的一些过去的经验教训却又有了新的现实意义。例如,19世纪奥匈帝国和英属印度殖民政府在经济发展对民族主义和殖民主义的影响方面的经验，对俄罗斯的未来发展具有极大的参考价值。这就是本书涉及很多历史问题的原因。

从某一方面而言，本书内容广泛，极具雄心抱负。虽然我是美国人，是在美国撰写这本书的，但本书并不局限于美国的问题，而是用了同样的篇幅全面阐述日本、西欧、苏联和第三世界发展中国家的政府、社会和经济问题。从另一方面看，本书也存在雄心不足的局限性。技术对军备和国防、政府的职能和局限、学校和学习的影响是人们经常谈论的问题，但本书并没有用专门的章节来探讨技术本身的问题，我觉得这方面的问题已有大量的书籍详细谈论过了。虽然非常重要，但技术问题本身已经很难有什么新意了。

还有个更大的局限是，本书着眼的是"表面"，即社会的"上层建筑"方面的问题，如政治和政府、社会、经济和经济学、社会组织以及教育等方面的问题。然而，人们经常探讨的基本问题，如世界观和价值观及其演变，只在本书结尾处用很少的篇幅进行了讨论。本书没有探讨精神痛苦和道德沦丧方面的问题，如权力的暴虐和贪婪、恐怖和残忍、极端的愤世嫉俗等，从西方陷入第一次世界大战以来，这些问题就遍布世界各地。但在这些方面，我既缺乏权威性，也无法胜任。

本书没有关注未来的行动措施，而是在放眼未来的情况下，关注现在需要做好的事情。本书是在自我设定的局限之内，力图确定与未来相关的各种议题。

彼得·德鲁克

1989 年复活节

于加利福尼亚州克莱蒙特

1

第一部分
政治现实

THE NEW REALITIES

第 1 章
分水岭

第 2 章
社会拯救的式微

第 3 章
罗斯福时代美国的终结

第 4 章
苏联的解体

第 5 章
军备的破坏性

第 1 章 | CHAPTER 1

分 水 岭

即使在地势非常平缓的地方，也常会有各种关隘。那些穿越关隘的道路，先是逶迤攀上山顶，然后又顺势跌入山谷。绝大多数关隘只具地形特征而已，峡谷两边的气候、语言或文化几乎没有什么差异。但有些关隘则与之不同，堪称真正的分水岭，它们或许既不巍峨，也不壮观。在穿越阿尔卑斯山脉的众多关隘中，布伦纳罗山口（Brenner Pass）㊀地势最低，也是最为平坦的。然而，自古以来，它一直是地中海和北欧文化的分界线。在纽约西面大约 70 英里㊁处的德拉瓦河谷（Delaware Water Gap），甚至算不上是个真正的关隘，但它仍然是美国东海岸和中部的分界线。

在人类历史上，也常有这样的分水岭。在当时，其同样既不壮观也

㊀ 欧洲南部阿尔卑斯山隘口，又称"勃伦纳山口"，是奥地利和意大利边境最低和最重要的山口，亚得里亚海和黑海诸河系的分水岭，海拔 1375 米，是从德国南部、奥地利西部到意大利东北部的必经之地。——译者注

㊁ 1 英里 =1.6093 千米。

不太引人瞩目。但一旦历史穿越了这些分水岭，社会和政治面貌就会焕然一新，社会和政治气候及语言也会蔚然不同。旧貌换新颜，于是历史出现了新的现实。

1965~1973年，我们就穿越了这样的分水岭，进入了"下一个世纪"。我们抛弃了一两个世纪以来形成政治的信念、承诺和联盟，进入了未知的政治区域。在那里，不再有一度熟悉的地标指引我们前行。现在，没有人还会相信社会的拯救功能了。自18世纪的启蒙运动以来，这种信念一直是政治的主导力量和主要驱动力。但这一卓有成效的政治反击力量已消耗殆尽：在利益集团内部与集团彼此之间发生了政治方面的分化整合。美国也对政治艺术和实践做出了自己应有的贡献：先是在19世纪末由马克·汉纳（Mark Hanna）⊖率先推行，然后在40年之后由罗斯福（Franklin D. Roosevelt）在其新政中得到了进一步完善。

在过去的300多年间，军备一直是建设性的力量，也是政治的工具，发挥了卓有成效的作用，但现在军备已成了反生产力的破坏性要素：如果没有严重损害，也至少影响了经济的发展。这是一种最重要也是最出人意料的变化——军队的作用日薄西山。

这些就是本书第一部分要探讨的主要现实。

1873~1973年

上一个这样的历史分水岭恰好是一个世纪前的1873年。那一年，维也纳的股票市场崩溃是其产生的经济影响，但这还不能算是一个历史事

⊖ 马克·汉纳（1837—1904）：美国著名实业家，操纵竞选运动的重量级人物。——译者注

件。在经济上只不过引发了法兰克福、伦敦、巴黎和纽约股票市场的短期恐慌，而在18个月后，整个西方世界的经济就全面恢复了。

但在政治上，这一历史上并不著名的股票交易崩盘却标志着自由时代的终结，标志着100年来自由放任的主流政治信念的终结。那个世纪是从1776年亚当·斯密出版《国富论》开始的。在1873年后的10年间，在"进步"和"启蒙"旗帜下，高歌猛进的整个西方世界的主要自由主义政党陷入混乱之中，分崩离析，日趋式微，从此一蹶不振。

自19世纪80年代以来，马克思主义和反犹太的国家社会主义就是平行发展的，竞相取代资产阶级自由主义。在1873年的股市危机前，两位年轻人维克托·阿德勒（Victor Adler）和乔治·冯·舍内雷尔（George von Schoenerer），就已经是冉冉升起的奥地利自由主义的政治明星了。两人既是亲密的盟友，私交也颇好，但不到5年，他们就反目成仇。阿德勒成了当时欧洲最受尊敬的马克思主义领袖，而舍内雷尔则创建了第一个反犹太政党。60年后，希特勒在德国所推行的，其实就是在第一次世界大战（以下简称"一战"）前从舍内雷尔那里所汲取的思想。当时他还很年轻，在维也纳漂泊。

1873年以前，在人们心目中，卡尔·马克思是位颇令人费解的"怪人"。那时候他是名记者，还在竭力维持漂泊不定的生活。5年后，他就成了万众拥戴的伟大智者，"信徒"遍及整个欧洲，甚至在美国也不乏支持者。在1873年后的20年间，在欧洲的所有主要国家中，无论是在法国和意大利，还是德国和奥地利，即使是在其遭到官方压制的沙皇俄国，马克思社会主义都在迅速崛起，成为最大的单一政党。

维也纳股市崩溃10年后，在1883～1888年，德国总理俾斯麦首创国民健康保险（national health insurance）和强制性老年保险。这就催生了福利国家，政府提供社会保障的安全网络。与此同时，英国和奥地利通过对工厂进行检查、制定健康和安全法规、限制雇用童工和女工等措施，开始约束雇主的权力。即使在远离欧洲政治发展趋势的美国，在19世纪80年代也推出了一些偏离自由市场原则的举措，如制定《格兰吉法》（Granger Laws），成立管理铁路的"州际商务委员会"（ICC），通过反垄断法和规范证券交易的《第一州法》（The First State Laws）。同样在美国，在19世纪80年代后期，出现了第一个明显敌视商业的政治运动。民粹主义要求政府控制华尔街，控制农产品价格，控制工作时间和薪酬。1900年前后，在民粹主义领袖林肯的领导下，继奥地利维也纳推行社会主义的数年后，内布拉斯加州的州府成为第二个这样的城市：对当地电力公司、煤气公司和有轨电车公司实行社会主义化。

到19世纪90年代中期，反犹太主义也成为一股主要的政治势力。1894年，在法国，阿尔弗雷德·德雷福斯上尉（Captain Alfred Dreyfus）因受诬陷而被误判间谍罪。德雷福斯案的审判引发了反犹太主义的浪潮。第二次世界大战（以下简称"二战"）期间亲纳粹的维希政府就是这一浪潮的历史遗产。1895年，德国皇帝的宫廷传教士阿道夫·施托克（Adolf Stoecker）在柏林成立了反犹太的社会主义政党，公开极力鼓动德国的反资本主义者。在前面已经提到过，一年后，奥地利人选出了第一个反犹太的高官——维也纳市长。

德雷福斯事件标志着极权主义已羽翼丰满。在德雷福斯被误判为德国间谍后的两年内，法国人其实都知道他是清白无辜的。事实上，到了那时候，大家都知道谁才是真正的间谍。然而，为德雷福斯恢复名誉遇到了巨大的阻力："谁在乎德雷福斯是否清白？重要的是军队的利益。"而这就是极权主义的本质：维护集体、政党、国家和雅利安人的利益是绝对的"真理"。因此，维护军队的利益是绝对的"真理"、最终的标准，所以需要号召法国人民反对德雷福斯。10年后，德雷福斯终于恢复了名誉。这一定义是以后所有极权体制的基础——墨索里尼、希特勒等政权的基础。

1873年维也纳股市崩盘后的100年间，许多人认为，政府控制经济和领导社会是"进步"的源泉。因此，重大的政治辩论不再围绕福利国家这一类问题，而是在两种不同的信奉者之间展开。一种是信奉民主和需要用法律制约政府及其对经济和社会控制的福利国家体制的自由主义者；另一种则是信奉反犹太主义等的极权主义者，鼓吹和践行绝对与不受限制的政府权力。

1973年的分水岭

在经济上，1973年的石油危机，还有两年前尼克松总统允许美元浮动的决定，也可以看作是非重大历史事件。经济统计人员如果只关心诸如国民生产总值、经济增长率、国际贸易统计数据之类的数字，除了直接的、短期的和统计上不具显著性的波动外，就看不到还会有其他什么影响。类似地，如果只关注组织机构的行为，20世纪60年代后期的学生反叛运动，在日本、法国、德国、意大利和美国，这些都是颇具震撼性的重大事件，都是头版头条新闻，但同样也不是历史重大事件。它们与组织机构，如政府、大学、社会等的行为并没有什么不同。

然而，1968~1973年所形成的分水岭完全可以与1873年相提并论。1873年可谓自由时代的终结，而1973年则标志着政府作为进步源泉时代的谢幕。1973年告别了19世纪70年代开始形成的信念和政策所主导的时代。无论是自由民主主义或社会民主主义，还是国家社会主义，在历史的天空中，信念和政策所主导的时代都已远去。就像1873年后的放任自由主义一样，所有这些信条都迅速退潮了，不再行之有效。

但是政治口号往往会比政治现实走得更远，它就像政治的柴郡猫⊖一样咧着嘴傻笑着。1850年的政治口号，表达了维多利亚女王的夫婿艾伯特亲王（Prince Albert）、约翰·斯图亚特·穆勒（John Stuart Mill）和1848年欧洲革命的伟大自由主义一代的政治信念，尽管有了些小变化，但依然铭刻在今天新保守主义者的记忆中。类似地，"福利国家世纪"的口号也还会伴随我们很长一段时间。这就像到了1900年，自由主义者在政治上已不太合乎时宜，但在很长一段时间内，他们依然备受瞩目，还在奔走呐喊，也还颇受尊重。在政治、社会甚或经济方面，福利国家所反映的政治信念也已不再有很多的时代相关性或现实意义，这些口号甚至还会对行为产生抑制作用，但对行为或动力已不太可能提供指导了。

类似地，在以后相当长一段时间内，罗斯福新政时代的口号还会在美国选举中引起令人激奋的政治辩论。然而，诚如迄今为止的几场选举所显示的那样，这些口号已不能吸引当选所需要的选票了，更不要说用来指导当选以后的施政方案了。它们充其量不过是柴郡猫脸上的傻笑，并没有任何实质性的意义了。

⊖ 柴郡猫是英国作家刘易斯·卡罗尔创作的童话《爱丽丝梦游仙境》中的虚构角色，形象是一只咧着嘴笑的猫，拥有能凭空出现或消失的能力，甚至在消失以后，其笑容还挂在半空中。——译者注

第 2 章 | CHAPTER 2

社会拯救的式微

　　信奉社会拯救功能的时代已一去不复返了，也许除了南美的解放神学家（liberation theologian），不再有人信奉社会行动的力量能够创建完美的社会，甚或把社会改造成接近完美的理想社会，彻底改造个人，使之成为"新亚当"。

　　但在50年前，这样的信念则极为普遍。不只是社会主义者，全世界大多数政治思想家都相信社会行动，特别是相信废除私有产权可以彻底改造人类，把人类改造成社会主义者、共产主义者等。其中的差别不在于基本的信念本身，而在于改造的进程速度、哪种行动最有效。争论的主要焦点是行动措施：是否应该由政府或政治运动来清除建立完美社会过程中的障碍？今天，这是所谓的新保守主义者，在60年前则称为自由主义者，政府应该积极创建新的组织机构还是创造新的环境条件？而现在，这一切都已一去不复返了。

当然，政府不会消亡：没有迹象表明政府会退出历史的舞台。我们辩论具体的方法措施，我们质疑政府是否应该资助这一行动，而禁止那一活动。每一项政策都会基于其本益比进行辩论。我们会就其成功的机会进行辩论：禁止毒品是否会比使之合法化更有可能抑制吸毒？是这一措施还是那一措施更能吸引选票、保持执政，还是会导致下台沦为在野党？

当然，可能在相当长的时间内，还会有人自封为社会民主主义者或劳工。但在现在看来，这意味着什么呢？我们不妨来看看1981年上台执政的法国总统弗朗索瓦·密特朗（Francois Mitterand）。刚上台执政时，密特朗堪称欧洲最后一位真正忠诚的社会民主主义者，忠实地继承了20世纪30年代社会主义运动的纲领、希望和承诺。但不到半年，现实就迫使他改变了原先的政策，因为资本纷纷撤离法国。几乎在一夜之间，密特朗政府变成了西方世界最亲近资本主义的政府。1982年以来，在密特朗执政的法国，法国式社会主义意味着把执政党的朋友和支持者安插到国有企业的总裁位子上。当时在法国，只要是有助于改善社会党的执政，就被认为是社会主义的。与此相反的是，50年前的1931年，当时的英国陷入极为严峻的经济危机之中，时任首相拉姆齐·麦克唐纳（Ramsay MacDonald）是位社会主义者，他把短期的经济需求置于社会主义原则之上。于是，他立即失去了大家的尊敬，受到了无情的嘲笑，而20世纪80年代的密特朗则被奉为英雄。

除了征服权力，约翰·肯尼迪甚至没有用什么执政纲领来包装自己，他堪称美国20世纪以来第一位这样的总统。虽然在其三年的总统任期内鲜有建树，但他至今仍被奉为英雄和崇拜的偶像。林登·约翰逊可能是信奉社会拯救的最后一位美国总统了,却因为倡导伟大社会而备受讥讽。他的"向贫困宣战"(War on Poverty)已成了失败的代名词。自20世纪50年代以来,西方国家政府在社会拯救方面的执政纲领都失败了。在1946~1947年推行的英国国家卫生署(British National Health Service)医保方案,也许是最后一个真正取得成效的措施。它在英国至今仍非常普及,但也存在严重的问题和危机。

  同样重要的是,对于任何社会问题,我们越来越怀疑是否只有一个正确的答案。当然,会有很多错误的答案。但我们现在知道,社会形势、社会行为和社会问题都是非常复杂的,远非一个正确的答案所能解决。如果要予以解决,通常需要几个方案,而其中没有一个是非常完善正确的。我们现在还知道,在教学上,没有什么唯一正确的方法。对某位学生而言,这一方法可能是合适的,而对其他学生而言,则需要不同的方法。没有单一的方法可以解决工业废水和污染物质对环境造成的危害。在某些情况下,可以采取禁止的措施,而在其他情况下,则需要采取罚款的方式;在另外一些情况下,可能需要在盈利的前提下解决污染问题。然而,为了获取广泛的支持,社会拯救运动必须承诺"这是唯一正确的方式",或者至少得保证"这是目前的最佳方式"。因此,我们发现自己现在正处于西方历史上两个世纪以来的末期。

  信奉信仰拯救(salvation by faith)的观念主导了中世纪的欧洲。在16世纪的宗教改革(Protestant Reformation)中这一观念得到了复兴,而到了17世纪中叶又衰弱了。当然,每一种宗教都宣扬,而且还在宣扬,它是唯一正确的方式。但到了17世纪中叶,普遍接受的观念是,宗教信仰是个人的事情。然而,这并不意味着宗教迫害停止了。在西方国家,即使到了19世纪，仍存在宗教迫害的问题。直到19世纪中叶，西方国家才从根本上解决了宗教信仰所引起的政治限制问题。但已不再有人相信凭借宗教信仰可以在人间创建上帝之城了，大家也都觉得这并没有什么意义，而这已是100年前的事情了。

18世纪中叶，信奉社会拯救的观念填补了信仰拯救消失以后所留下的空白。所谓的社会拯救，就是建立世俗的社会秩序和平等的世俗政府。法国的让-雅克·卢梭（Jean-Jacques Rousseau）首先阐述了这一信念。30年后，英国的杰里米·边沁（Jeremy Bentham）将其逐渐发展成政治体系。社会学之父奥古斯特·孔德（August Comte）和德国的黑格尔（Hegel）用一种所谓永恒的形式，也就是科学的绝对论进行了理论阐述。在西方国家崛起成为主导世界力量的过程中，精良的机器、货币和枪炮所发挥的作用，可能还不如社会拯救的承诺。而现在，这一切都已一去不复返了。

社会拯救观念的式微导致过去200年间极为盛行的错觉的破灭：革命的神秘性。无可否认，如同过去一样，革命还会继续发生：政变、攫取权力、反叛独裁专制政府以及由此引起的内部的分崩离析，在人类历史上层出不穷，这一直是暴力推翻政府的最常见原因。其中的一些革命确实推动了历史的进步，但其余的只不过是以暴易暴，换汤不换药。但以拯救社会为使命的革命则是开天辟地的，与历史上的革命截然不同。这场革命的使命是拯救普罗大众于水火之中，是救世主第二度降临人间，使人类和人类社会重归原始的纯洁状态。当然，这是场暴力革命，但在受压迫的无产阶级挣脱枷锁之后，新的曙光将会引领人类进入理想的乌托邦。在1794年的法国大革命中，当革命者的理想社会崩溃，并演变成风声鹤唳的恐怖局面时，以及在反革命的法国督政府执政之后，在人类历史上，挫败的激进者第一次抱有这样一种救世主般的情怀和愿景。在1848年欧洲革命失败后，这种愿景就得到了修正。但在血雨腥风的大屠杀和军事镇压下，1871年的巴黎公社失败后，那些以革命的名义进行烧杀抢掠的人不再具有救世主般的情怀和愿景。他们进行破坏，不是因为还怀有希望，而是因为已经绝望了。

出现新的救世运动还是很有可能的。社会拯救信念和二度救世革命的消失可能会催生新的先知和救星，但这些新的救世运动信奉只能通过社会之外的方式，凭借个人甚至通过出世的方式才能进行拯救。

从其言论上看，美国的里根革命和英国的撒切尔革命（或苏联的戈尔巴乔夫改革）并不是反政府的。美国的里根总统和英国的首相撒切尔夫人都在扩大各自政府的规模和管理范围。他们不再把政府视为催生更好甚或完美社会的组织机构，而只关注政府的具体职能：提高美国的竞争力，削弱英国工会的权力，区别对待英国市镇统筹住房的租户和自有屋主等。我们不妨从政治的角度来看看1700年前后现代医学的诞生：不再寻求用万灵药治疗百病，而是对症下药。这一新的医学理念并不意味着药物和医生数量的减少，而是意味着需要更多的药物和医生。类似地，政治需要的转变并不意味着要削减政府规模和政策措施，而是政府角色和职能的转变，这也是其最终目的。

200年来，社会拯救信念一直是西方政治活动中最为活跃的力量，在世界政治活动中也日趋活跃。这一信念的破灭产生了一个空缺，一些宗教的兴起意在填补这一空缺。这是西方民主社会福利国家体系破灭的结果。在美国公众生活中，宗教活动的强劲复苏，在一定程度上是对社会拯救这一世俗信仰消失的反映。然而，1988年美国的选举活动明确表明，尽管所有媒体都在宣传正统派基督教徒的"道德多数派"（moral majority），但我们也不会回归社会拯救的信仰，使之成为主要的政治因素。另外，我们也不会回归非常相似的19世纪早期的放任自由思潮。放任自由运动也承诺进行"社会拯救"：清除所有妨碍个人利益追求的障碍会最终产生完美或至少是最理想的社会。

信奉社会拯救的最后一位西方一流政治家是20世纪70年代早期的德国总理、社会党人维利·勃兰特（Willy Brandt）。而他的继任者，德国社会党领袖赫尔穆特·施密特（Helmut Schmidt）则是位禁欲主义者，没有这方面的信仰，他唯一的政治信念是所谓的正派。另外，他相信并成功践行了实用主义政治观念，以此来应对短期的具体问题，而非重大问题。实际上，他所谓的指导原则根本就不是真正的原则，他的原则是效果、效率和本益比。他的继任者，德国基督教民主联盟赫尔穆特·科尔（Helmut Kohl），也同样没有什么原则，而且根本就没有意识到要有什么原则。对科尔而言，重要的是事情是否可行。

政治的检验标准是，是否能够维持政党执政或者有助于攫取权力？是否足以进行现代复杂社会特有的不同派系、利益集团和多元的短期压力的整合？是否足以进行统治、领导和提出应对政策？

第 3 章 | CHAPTER 3
罗斯福时代美国的终结

社会拯救是最引人瞩目的政治组织原则，但不是唯一的原则。自19世纪90年代以来，一直有个与其竞争的原则，先是在美国，"二战"后又在日本取得了主导地位。用以前的政治理论术语来讲，这一原则是通过主要利益集团把国家整合成社会经济阶层，而反对社会拯救乌托邦式的经济承诺。

这一基本原则可以追溯到罗马共和国时期，但到了19世纪末，才在美国成为政治现实。那时候，俾斯麦的福利国家体系开始战胜阶级斗争（class war），这也是俾斯麦在设计这一体系时所公开表达的目的。西欧和中欧的马克思社会主义者迅速演变成社会修正民主主义者和资产阶级。在美国，声势浩大的新平民主义正在兴起，在许多方面，甚至比欧洲的左派更为叛逆和激进。为了应对阶级斗争分裂的威胁，在1896年总统选举过程中，美国政治家马克·汉纳发明了一种新的政治整合原则，通过共同的利益，把主要的经济利益集团，即社会经济阶层，整合到一起，也就是我们现在所讲的经济发展，当时则称繁荣。

在政治史上，马克·汉纳堪称真正的创新者。在美国，除了《联邦党人文集》（The Federalist Papers）的作者，几乎没有人可以与其相提并论。但他却因为成功而广受批评：他使美国政治偏离了意识形态。正因为如此，政治学家绝不原谅他。对他们而言，令人尊敬的政治当然是有崇高理念的，这是天经地义的。令人尊敬的政治必须解决重大问题，而非绩效之类的细枝末节。然而，几乎一个世纪以来，所有取得成效的美国政治所依据的都是马克·汉纳的经济利益和政治整合。这一原则立竿见影，马上使马克·汉纳的共和党在选举中获胜，取得执政权力。1912年，共和党分裂，民主党在大选中获胜。获胜的候选人伍德罗·威尔逊（Woodrow Wilson）与马克·汉纳一样，是一位反意识形态、信奉利益集团原则的政治家。马克·汉纳奠定了理性的基础。在很大程度上，他创建了将其政治基本原则转化成政绩（political performance）所需的组织。共和党当然不是他创建的，但他重建了共和党。

40年后，民主党人富兰克林·罗斯福完成了马克·汉纳的体系。众所周知，在1932年的选举中，并不是罗斯福获胜了，而是因为赫伯特·胡佛（Herbert Hoover）的政绩令人失望。1932年，罗斯福之所以能战胜民主党长期呼声最高的政治明星阿尔·史密斯（Al Smith），取得党内提名，恰恰是因为他反对史密斯按照欧洲意识形态模式重塑美国政治的企图。从一开始执政，罗斯福就着手重建因大萧条而受到重创的马克·汉纳的经济整合。在此基础上，他赋予政府的角色是充满生机活力的创新力量。政府不仅是马克·汉纳的利益集团——农民、劳工和商人——得以达成共同行动的渠道，而且对三者能起到平衡作用。政府不仅要确保没有任何利益集团会受到其他集团的压迫和剥削，而且还要确保没有任何集团可以主导其他集团。罗斯福的政府发挥了整合和平衡的作用，运用权力维持社会的均衡。

尽管其经济政策几乎都不奏效，但从政治和社会角度来说，罗斯福政府可能是我们所见过的最成功的政府。传统商人把罗斯福看作激进分子，因为他帮助劳工掌握了权力。但罗斯福并没有让工会像其欧洲同行那样成为独立的政治力量，控制立法或行政权力。虽然罗斯福的许多言论都不是亲商的，但他所采取的措施一开始就旨在创造购买力，产生消费需求，从而有利于商业发展。类似地，罗斯福大幅提高了对农民的支持力度。他的前任已经对农业采取了保护政策，而他继承了马克·汉纳的农业政策，继续努力提高美国农业的生产力。在推进经济复苏的政策基础上，罗斯福还进行了改革，除了恢复马克·汉纳所谓的经济繁荣，他还承诺要改进社会的公平公正。因此，罗斯福创建了希望。

在经济上，即使到了1940年和1941年的战时经济时期，美国经济也还没有开始复苏。但在社会和政治方面，在罗斯福上任一年或一年半左右，在所有西方主要国家中美国一枝独秀，已经得到了充分的恢复。事实上，已经重现生机活力。尽管众多银行倒闭，失业情况严峻，干旱严重，沙尘暴肆虐，这一切严重影响了农业经济和乡村社会，但到了1935年，美国人民已经充满胜利的信心，认为自己是世界的领导者。

在20世纪，世界上没有哪个国家的政府比罗斯福政府更成功了，没有其他意识形态分裂和内战频仍的政府能够比罗斯福政府创造更大的国家凝聚力。这就解释了为什么在20世纪30年代罗斯福执政时期的美国会成为全球的指引明灯和激励源泉，也正是这一点，使之成为真正激进分子的敌人。顺便提一下，从这方面可以做出最令人信服的解释，为什么在日本袭击珍珠港后，在完全没有必要的情况下，希特勒对美国宣战（这正是纳粹德国覆灭的根本原因），而从其他方面则很难解释清楚。杜鲁门政府继承了罗斯福时期的传统。杜鲁门甚至比罗斯福本人更清楚地意识到了新政的基本原则。在艾森豪威尔执政期间，罗斯福的传统达到了顶峰。这是因为他知道，继承和发扬新政不仅是他的历史使命，而且还可以为共和党重新夺回运用马克·汉纳的愿景进行整合的权力。

人们普遍认为，与反政治意识形态一样，通过繁荣经济的承诺进行政治整合，只适合于美国，无法移植到其他国家。这一观点是完全错误的。如同在马克·汉纳和罗斯福的本国（美国）一样，在整体情况很不一样的其他国家，也同样可以做得很好。日本政府是过去35年最卓有成效的政府。自"二战"以来，日本政府一直遵循马克·汉纳通过经济利益进行政治整合的原则。当然，美国的政治体系和日本行政系统的独特状态和权力情况很不一样。反之，日本的政治体系与美国独特的政治机构、人员构成和权力状况也相差很大。在美国，既非政客也非官僚的"内部人"和华盛顿"老手"，也就是那些律师、记者、教授和企业主管，人数多达数千之众，一拨又一拨地来到民主党和共和党政府机构工作，他们实际掌握了政府主要部门和议会主要委员会职位方面的所有决策工作。当然，也有一些自民党特色。自1950年以来，自民党一直在日本执政。这些日本人具有特殊性，但其实并没有大多数日本人和西方人所想象的那么多。自民党的基本原则和结构与20世纪30年代罗斯福执政时期的民主党非常相似，与20世纪20年代卡尔文·柯立芝（Calvin Coolidge）

执政时期的共和党甚至更相似，相同的派系、相同的政治领袖（political boss）主导某一城市或地区，主要利益集团之间的联盟也在不断地变化，甚至连地方和地区的政党机器的交易和政治腐败也是一样的。

在很大程度上，美国模式也使西欧在政治、社会和经济上得到了全面的恢复。原来那些贴着各自意识形态标签的党派仍然存在，但只有南欧的共产主义者还在践行意识形态纲领，致力于社会拯救运动。德国的康拉德·阿登纳（Konrad Adenauer）和赫尔穆特·施密特、法国的夏尔·戴高乐（Charles de Gaulle）和弗朗索瓦·密特朗、英国的玛格丽特·撒切尔（Margaret Thatcher）、意大利的阿尔契德·加斯贝利（Alcide de Gaspari）和贝蒂诺·克拉克西（Bettino Craxi），他们都通过反意识形态和利益集团整合取得了政治上的成功，都毫不在意各自所在政党的意识形态方面的宣传。

但现在，如同通过社会拯救进行整合一样，马克·汉纳和罗斯福通过经济利益进行整合也已过时落伍了。林登·约翰逊是最后一位试图进行这方面尝试的美国总统。他的"伟大社会"的政治整合效果已经完全不如 20 年前了，力图效仿马克·汉纳和罗斯福愿景的每次真诚尝试都会带来灾难性的后果。在美国历史上，很少有人能像 1984 年的总统候选人沃尔特·蒙代尔（Walter Mondale）那样能干、优雅体面和经验老到，但也很少有人会输得像他那样彻底。他力图重建罗斯福时期美国的利益集团联盟，这使他显得极不合时宜，无可救药。50 岁以下的人几乎都不知道他在说些什么。4 年后，1988 年，迈克尔·杜卡基斯（Michael Dukakis）想寻求和动员新的利益集团，特别是中产阶级，同时也不疏远原来的利益集团，但同样没有成功。

在美国之外，通过利益集团整合来达成政治整合的效果也同样越来越差。虽然自民党在日本的每次选举中都会获胜，但这只是因为反对党都信奉社会拯救的意识形态，更不具吸引力罢了。

利益集团整合之所以不再奏效，原因之一是经济利益集团作为实体的独特性和自我意识已日趋式微。在发达国家，作为经济阶层，农民或劳工在数量上已不具优势，在政治上也不再重要。在马克·汉纳时代的美国，农民占总人口的一半；罗斯福开始执政时，劳工接近总人口的2/5；而现在，农民不到总人口的3%，传统蓝领劳工最多也就占总人口的1/5。在经济上，商业阶层已不复存在。马克·汉纳动员的商业阶层并非像通用汽车或花旗银行那样的大企业，而是小镇上的修鞋匠、小酒店老板和木匠之类的小商人。现在，其人数依然很可观，但他们并不认为自己是商人或独立的利益集团。

原因之二，也更为重要的是，这些群体都不再具有社会上的独特性。达成政治统一（political unity）和政治认同（political identification）的其实并不是共同的经济利益。畜牧饲养员是农民，但一直以来，在经济利益方面，他们与奶农或烟农很不一样；技艺娴熟的工匠与不熟练的大批量生产（mass production）工人也截然不同。20世纪20年代，这些非熟练工人是美国劳工的主体。区别这些群体并使之能够采取统一行动的，是我们现在所谓的文化。他们的社会认同度远高于经济认同度。有自尊的工人，有乡村社会（rural society），也有大城市和小城镇的商人。这些不同的群体看不同的报纸，到不同的教堂祈祷礼拜，通常住在城镇的不同区域。每个群体都有不同的价值观和生活方式。最重要的是，每个群体都有其明确而独特的自我认识。他们没有所谓的阶级意识，也不相信自己受到社会其他群体和阶级的剥削，至少在马克·汉纳提出的经济繁荣方面，他们具有共同的利益之后，他们确实是这样认为的。但每个群体都非常清醒地认识到，他们具有不同的生活方式，扮演不同的角色，处在不同的社会地位。

马克·汉纳和罗斯福所谓的"经济利益"其实只是代称。两人可能也都知道，他们指的其实是社会和文化价值观以及生活方式。他们表面上讲的是数量，其实指的是质量。现在，这些价值观和生活方式已所存无几了。留下来的，诸如北英格兰和苏格兰的劳工，现在已被认为落后于时代了，意大利的西西里农民也是如此。美国自动化养殖场的畜牧员或肉用仔鸡饲养员仍然认为自己是农民，但在全世界的职业群体中，其电脑知识也许是非常出类拔萃的。底特律蓝领汽车工人当然是劳工，但除了偏好啤酒甚于葡萄酒，在他们身上几乎看不到工人阶级的生活方式了。不久前，美国一家最具军事化特色的汽车工厂的工会代表提醒我，工会成员关心的是房车、在诺斯伍兹（Northwoods）的钓鱼小屋（fishing cabin）以及退休金。他们和美国社会的其他人看一样的电视节目，在同样的超市购买一样的消费性商品，度同样的假。虽然做不同的工作，但生活方式已没有什么差异。他们的社会地位不是由经济利益确定的，而是由消费能力确定的。

原因之三，新的社会主体，即知识型员工，不再能用利益集团来进行定义了。知识型员工不是农民，不是劳工，也不是商人，他们是组织的员工。但他们不是无产阶级，没有觉得自己是受到剥削的阶级。从群体上看，他们是其退休基金的唯一"资本家"。其中有很多人都是自己的老板，也有"下属"，然而，他们也有自己的老板。他们不是中产阶级。

虽然他们赚钱有多有少，但我们可以称他们为"单一阶级"（uniclass）。无论是在企业、医院，还是大学工作，其经济或社会地位没有任何区别。从做企业的会计跳槽做医院的会计，知识型员工的社会或经济地位并没有什么差别，只不过是换了个工作而已。

在现代发达社会，大多数人都是组织的员工。作为员工，受教育程度越高，毕生为组织工作的可能性就越大。这一身份既不意味着特定的经济或社会利益、特定的经济或社会文化，也不意味着有什么重大问题。但他们完全蔑视马克·汉纳和罗斯福时代的美国所依据的社会基本原则，而且到目前为止，还没有什么适合他们的政治基本原则和政治整合。

第 4 章 | CHAPTER 4

苏联的解体

在 1873 年这一历史分水岭前不久,发生了现代史上最重要的两个事件:1857 年的"印度民族大起义"(The Indian Mutiny),以及 10 年后,即 1867 年的日本"明治维新"(The Meiji Restoration)。第一个事件确立了全球西化的方向,第二个事件则开启了非殖民化的历史进程。

雅各布·布克哈特(Jacob Burckhardt)是瑞士人、伟大的历史学家。他立即认识到 19 世纪 70 年代是一个重大的历史转折点,他是当时极少数具有这一远见卓识的人之一。早在 19 世纪 70 年代的 10 年间,他就在一系列的演讲中做出了这样的预言。现在,这些演讲已经结集出版,书名为《世界历史沉思录》(*Weltgeschichtliche Betrachtungen*);英文版书名为《权力与自由》(*Force and Freedom*),于 1943 年翻译出版。该书是学术界公认的经典著作。然而,尽管布克哈特是享有盛誉的历史学家,但当时并没有人相信他。在他去世 9 年后,也就是 1906 年,他的书才得以出版。布克哈特了解并热爱东方文学和艺术，但他认为印度民族大起义和日本明治维新在世界历史上没有什么重大意义。对他及其同时代的人而言，西方历史就是世界历史。然而，在发生了印度民族大起义和明治维新之后，世界历史才开始真正成为世界历史，而不再只是西方历史了。

印度民族大起义是一次抵御西化的绝望斗争。起义者取得了胜利，但他们发现无法取代受到驱逐的英国殖民者，因而这是一次胜利的失败。他们的失败确立了西方的技术、社会组织、产业经济、科学和教育在世界上的主导地位，但世界各地仍在继续努力抵御西化。在印度民族大起义43年后的1900年，中国爆发了义和团运动，标志着抵御的斗争达到了顶峰。更近的是20世纪80年代伊朗霍梅尼（Ayatollah Khomeini）领导的革命，这仍是一场抵御西化的斗争。但自印度民族大起义以来，所有这样的斗争已注定是要失败的。即使是霍梅尼，也只能通过用西方购买伊朗石油的钱来购买西方的技术和武器，从而和西方进行对抗。

当时的欧洲人清楚地认识到了印度民族大起义及其失败的意义。1860年后，印度民族大起义的失败触发了西方的殖民竞赛。这导致在40年间亚洲和非洲等绝大多数非西方世界相继置于西方国家的控制之下，英国、法国、比利时、德国，最终连美国也加入了殖民扩张的行列。印度民族大起义使西方国家相信全球西化是大势所趋。这继而使它们得出这样的结论：它们应该并且能够对全世界进行政治、军事和经济的控制，并把这些纳入西方文化和西方帝国的扩张之中。

1853年，美国海军准将佩里（Commodore Perry）率领的黑船舰队（black ships）第一次驶抵横滨，打开了日本的国门。在此后的15年，日本一直在犹豫观望。然后，在1867年，日本毅然决定全面西化，但要控制西化的进程和政府、社会、经济及技术。布克哈特和西方所有同时代的人都忽视了这一决策，觉得微不足道，使之淹没在西方国家大规模的攻城略地的胜利号角声中。然而，日本最终占据了优势。日本的策略是，为了现代化，必须西化，但要置于本国而非西方的控制之下。这一策略最终击败了西方。通过拥抱西方，日本成功地避免了被西方统治的命运。但在一场历史上最具决定性的军事失败后，日本输掉了"二战"。另外，日本也没有达成自己的政治目标：成为主要的殖民国家。然而，应该说，在政治上是西方失败了。日本成功地将西方驱逐出了亚洲，并使西方殖民国家声名狼藉。这迫使西方先是在亚洲，然后不久在非洲，放弃了对西化和非西方世界的控制。

自"二战"以来，在非西方世界中，各国纷纷效仿日本在1867年明治维新中创建的模式，对自身进行改革：在本国的控制下进行西化。这是反殖民主义的基本策略，并非要回到殖民前的状态。即使是在霍梅尼领导下的伊朗，也不是要恢复18世纪的波斯，而是寻求发展现代化的波斯：获取西方的工业、军事和工程技术，但保留早期的伊斯兰教和价值观。这和日本在19世纪70年代的改革并没有多大差别：采纳英国式的议会制度，并恢复1000年前奈良和平安时代的天皇制。

在所有非西方国家中，无论是伊朗及沙特阿拉伯之类的宗教国家，还是像试图复兴民族的一些非洲国家所做的那样，其基本结构都基于从西方引进的基本原则和组织制度。另外，它们的主导理念也来源于西方。它们宣扬福利国家制度，也都拥有按照西方模式组建、配备最现代化武器的庞大军队；它们都有中央银行，也都致力于经济发展；它们都把学生送到西方接受教育。与此同时，它们也都维持自己对西方基本原则和制度的控制。像日本在明治维新后所做的那样，它们通过自己的地方和国家权力体系进行控制。

最后的帝国

但还有一个大国，幅员辽阔，其历史也是欧洲人主导的，政权和政府一直是欧洲人掌握的，这就是苏联。然而，25年之内，或许更短，苏联可能会解体，或者至少将从欧洲人统治转变为后欧洲人主导，即主要由亚洲人统治。从各方面来看，这种变化已然发生。唯一的问题是，其过程的快慢是导致这个国家的解体还是分化重组。1982年戈尔巴乔夫倡导的改革运动无论是否成功，这一过程都必将发生。事实上，戈尔巴乔夫振兴衰退中的苏联经济的改革越成功，苏联解体的速度就会越快。

苏联的改革是一场自上而下的革命，成功的可能性微乎其微。事实上，种种迹象显示，苏联的改革与欧洲的最后一次自上而下的革命具有惊人的相似之处。18世纪，皇帝约瑟夫二世（Emperor Joseph II）力图扭转和振兴停滞和衰退中的奥地利帝国，但这位开明君主的努力彻底失败了。不过，另外两场自上而下的俄国革命，则取得了长期持续的成果。一场是伊凡大帝（Ivan the Terrible）领导的自上而下的革命，创建了我们现在所知道的俄国；另一场是彼得大帝（Peter the Great）的被迫西化。当然，我们不能因此断定戈尔巴乔夫的改革不会有什么结果。尽管苏联的经济衰退非常严重，但这只是戈尔巴乔夫的次要问题，其核心问题是在民族主义和反殖民主义压力下的苏联解体的威胁。

苏联建立在陆地上，这是它与西方殖民帝国的区别。但它们的共同点是都凌驾于其他民族之上,如在其处于欧洲的西部地区有乌克兰人、爱沙尼亚人、拉脱维亚人、高加索人,而在其位于亚洲的东部地区则有众多的蒙古人、土耳其人和鞑靼人。对苏联而言,民族问题并非新的问题。在沙皇统治下,精心炮制的俄罗斯化政策使这一问题日益严峻。除了波罗的海地区使用德语的老牌大学,无论学生的民族语言是什么,高等教育几乎全部使用俄语。俄语是官方语言,在商务和军事方面只允许使用俄语。反对俄罗斯化是布尔什维克取胜的主要原因之一。列宁承诺赋予所有民族充分的文化和教育自主权,这使他获得了从沙皇军队中分裂出去的莱特神枪手团(Lett Sharpshooters)的鼎力支持。没有这一支持,"十月革命"可能无法取得成功。

但到了20世纪20年代后期,事实表明,列宁的民族政策是行不通的。20世纪30年代,斯大林首先清洗的是教育部门的官员,而正是他们在10年前制定了列宁的民族政策。到了1927年或1928年,他们就开始敦促斯大林修改列宁的政策。他们指出,非俄罗斯人,尤其是亚洲人,正在迅速提高其民族语言文化知识。但与其在沙皇统治下的前辈不同的是,他们没有被强制学习俄语。他们指出,这将会产生新的民族问题。但斯大林本人是格鲁吉亚人,而非俄罗斯人。后来,他们的预言成了现实。但到了此时,不仅欧洲的非俄罗斯人成了问题,亚洲人甚至成了更棘手的问题。

到2000年,苏联将有一半的人口是非俄罗斯人。在非俄罗斯人口中,有将近一半是亚洲的穆斯林。自"二战"结束以来的40年间,位于欧洲的俄罗斯人口状况类似于欧洲发达国家,生育率很低,低到其人口实际上是在萎缩的水平;位于亚洲的俄罗斯人口状况则类似于发展中国家，婴儿死亡率迅速下降，而生育率又一直很高。现在，苏联亚洲部分非俄罗斯人口可能是世界上增长最快的，甚至超过了拉丁美洲。

随着苏联欧洲人口的老龄化和实际萎缩，苏联将不得不日益依赖非欧洲人口。苏联的农业人口在迅速老龄化，更为严重的是，有能力的人纷纷逃离土地，另谋高就，因此已经面临劳动力短缺的问题。在工业领域，苏联也面临两难选择：其一是在其欧洲的核心区域引进亚洲劳工，而这必然会引起高度排外的俄罗斯人的强烈抵制；其二是把生产迁移到劳动力供应充足的其亚洲地区，而这又会导致俄罗斯人失去对工业控制的风险。最严重的可能是军队问题。为了维持军事优势，苏联将不得不扩大其亚洲人口中的征兵量，但在历史上，亚洲人从来没有在俄罗斯人指挥下进行过有效作战，苏联出兵阿富汗又一次证明了这一点。苏联在军事上也将不得不面临两难选择：大幅裁军或者日益依赖反苏联的亚洲人，从而失去对军队的控制权。显而易见的是，基于人口因素方面的考虑，1988年秋季，戈尔巴乔夫不得不单方面决定裁军50万人。而他的备选方案，即把苏联欧洲卫星国的军事控制权托付给亚洲人，则是绝对不能接受的。

现在，苏联的亚洲人口都掌握了文化知识，而俄罗斯人口中则只有1/3受过教育。但俄语仍然是政府官方语言、商业语言和科技语言，与沙皇统治时期没什么差异。实际上，在苏联军队的指挥官中没有非欧洲人的位子；苏联科学院也是清一色的欧洲人；在党的最高层，无论是政治局还是中央委员会，也从来都只有寥寥一两个非欧洲人。可以预见，这种状况不会再持续下去。也许苏联的瓦解过程是缓慢的，但一旦开始启动，这一过程就是不可逆转的。这一过程已经开始了，我们知道，远在戈尔巴乔夫上任之前就已经开始了：在西部，是在波罗的海地区和乌克兰；在东南部，则是在克里米亚和高加索；另外，还有中亚地区。到了20世纪80年代末，戈尔巴乔夫已处于守势。他对波罗的海地区提出妥协，而对东南部的亚美尼人和阿塞拜疆人、中亚信奉伊斯兰教的蒙古人则扬言要予以严惩。

因此，戈尔巴乔夫的改革是想通过发展经济建立新的统一纽带。他能达到目的吗？答案是，基本不可能。如果改革失败了，苏联将重新采用斯大林式的压制措施；如果经济改革奏效，也不会带来理想的统一局面。单是人口因素就使之无法战胜正在崛起的反苏联的民族主义。经济改革成功只会加速产生更大的离心力。应该说，苏联民族主义势力最强的地区也是经济最繁荣的地区，即波罗的海的三个加盟共和国，这绝不是偶然的。

奥匈帝国的历史也昭示了苏联帝国必将覆灭的原因。奥匈帝国和苏联在地域上接壤，都是内陆国家，也都是非民族国家，因此是很相似的。奥匈帝国第一次出现民族问题，是1848年匈牙利人反叛奥地利人的统治。到了1867年，匈牙利人取得了政治、语言和文化的自治权。为了防止贪得无厌的匈牙利大地主脱离帝国，奥地利在经济上付出了日益沉重的代价。面对这种情况，其他民族也立即要求获得类似的待遇。先是捷克人，然后是意大利人、克罗地亚人、斯洛文尼亚人和波兰人。为了缓解面临的压力，像戈尔巴乔夫一样，奥地利开明的自由主义者采取了发展经济的对策，试图以此来建立跨民族的统一纽带。经济政策极为有效。1870年以后，捷克的核心地区波西米亚的工业取得了高速发展，历史上很少有其他地区能够与之媲美。到了1914年，它已成为欧洲工业化程度最高、最繁荣的地区之一，其生活和生产力达到了德国的水平，超过了法国。奥匈帝国南部的斯洛文尼亚和东南部的克罗地亚的经济也同样取得了快速发展。克拉科夫周边地区虽然起步较晚，但发展很快，至今仍然是波兰的工业中心。

虽然经济发展取得了巨大成功，但对于奥地利的政治来说则是一场灾难。经济富裕非但没有缓解反而加剧了民族问题。经济越富裕，捷克人对独立的要求越强烈。斯洛文尼亚、克罗地亚、奥地利统治下的波兰、讲意大利语的港口城市里雅斯特，也出现了同样的问题，它们在经济上是当时欧洲最富裕的地区，但也是反奥地利最激烈的地方。奥地利对各民族做出了极大的让步，甚至超过苏联愿意做出的让步。苏联的所有大学都使用俄语，而有一半的奥匈帝国的大学教学语言并非德语，而是匈牙利语、捷克语、斯洛文尼亚语、克罗地亚语、波兰语和乌克兰语；奥地利议会也采用各种语言；奥地利军队的士兵只需学会几个指挥命令方面的单词，一般情况下都使用各自的民族语言，但这些妥协却导致了提高民族自治权和最终完全独立的更大压力。民族主义和反殖民主义不同于农民和无产阶级的主义，他们是资产阶级，特别是受过教育的商人、工厂管理人员和专业人士等中产阶级的主义，这些群体当然是经济发展的首先受益者。

英属印度（British India）发生的情况揭示了同样的教训。在19世纪70年代，与奥地利人大致处于同一时期，英国人决定促进经济发展，使印度人，特别是受过教育的印度人，分享英国人统治的切实利益。他们推动铁路和港口建设，建立乡村合作社和工科学校，促进印度出口农作物。尤其是他们成立了印度议会，让英国人和受过教育的印度人共同致力于经济和社会的发展。印度的经济和社会取得了巨大的发展：在很大程度上，现代印度应该归功于这些努力。但在政治上，这些努力却催生了印度独立运动。1947年，印度人终于实现了90年前印度民族大起义没有达成的目标：驱逐了英国人。实际上，印度独立运动的所有领导者都来自印度议会。

在奥地利和印度无法奏效的，在苏联也同样不会取得成效。随着民族越西化、越富裕、越自由、教育程度越高，其民族主义就越会日益高涨。即使实际受到的束缚并不严重，他们也会对自己的殖民地身份地位日益感到不满。他们需要日本人的解决方案：要西化，但要在自己的控制、管理和治理之下。因此，没有理由相信改革能够拯救苏联。

可能出现三种结果。其一是苏联分裂成欧洲和亚洲部分。欧洲部分甚至还可能进一步分裂成多个民族国家：自治甚至独立的波罗的海各国、自治甚至独立的乌克兰、自治甚至独立的高加索各共和国，而在乌拉尔一边的亚洲部分也可能会发生同样的情况。苏联欧洲部分的继承者必将努力融入欧洲，不得不接受欧洲在政治和经济上的领导，而其部分远东地区的继承者则可能会靠近中国。但其在亚洲的最大部分，也就是信奉伊斯兰教的中亚人，将何去何从？那就不得而知了。其二是亚洲人统治，这必然导致欧洲少数民族对亚洲主要民族的持续抵制。其三，还有一个可能的结果是，结成某种松散混乱的联盟形式，各民族在各自治共和国内部和彼此之间争权夺利，都想控制对方。

无论出现哪种结果，苏联都必将解体。

苏联的解体必将产生全新的国际政治现实。对于这一现实，还没有哪个国家做好了准备，而最没有做好准备的则是美国。

这一阶段将会充满动荡不安，也必然危机四伏。苏联必将彻底改变其与欧洲的关系。我们不能排除这样一种可能性：在内部压力日益增加的情况下，苏联会铤而走险，军事入侵西欧。毕竟，用一场胜战来挽救政治上的衰微是一种最普遍的幻想。1914年，奥地利人就沉迷在这样一种幻想之中；1982年，在攻占马尔维纳斯群岛时，阿根廷的军事将领也同样沉浸在这样一种幻想之中。1812年，拿破仑决定进攻俄国时也是如此。当时，事实已经证明他不再是战无不胜的：首先，1809年被奥地利人战胜；然后，又在西班牙被威灵顿公爵打败。如果苏联的民族主义动荡扩展到其在欧洲的卫星国，在匈牙利、波兰、捷克斯洛伐克或民主德国引起严重的问题，那么军事入侵西欧对苏联将领而言是一种很大的诱惑，就像1914年军事入侵对奥地利将领的诱惑那样。因此，有必要维持西方的政治统一和做好军事准备。

但也同样有必要对苏联与欧洲关系的彻底转变做好准备。这当然需要苏联在政治、经济、社会文化及其政策方面进行重大变革。毫无疑问，这意味着北约和欧美同盟行将终结。而这需要改革苏联的欧洲卫星国的政府和政策，几乎可以肯定的是，它们需要摆脱苏联的控制。在中欧，即从苏联的边界到莱茵河之间的欧洲地区，则需要保持军事中立。这也许是苏联的欧洲部分避免受其亚洲部分统治的唯一对策。任何欧洲的苏联民众都会迫使政府摆脱亚洲人控制。对他们而言，这是非常重要的事情，需要优先考虑。

苏联的解体，对其母国，即欧洲苏联而言，可能是极为痛苦的，其痛苦程度要远甚于20世纪早期的西班牙、英国、法国、荷兰或葡萄牙等海外帝国的瓦解。苏联解体对亚洲造成的影响甚至可能更大，这将从根本上改变中国和日本与亚洲其他国家、彼此之间、与西方特别是与美国的关系。

苏联解体对美国的意义

对美国而言，苏联的解体意味着需要全面改变外交政策和假设。自1917年伍德罗·威尔逊放弃非干预主义以来，这些假设一直是支撑美国外交政策的基础。可以肯定的是，无论苏联是什么性质的国家，都将不再是超级大国，而美国亦然。事实上，将不再有什么超级大国，将不再有什么所谓的世界政治中心。对美国而言，制定总体外交政策将日益困难，而回归孤立主义又无济于事，并且实际上也是不现实的。

在整个19世纪，大英帝国的海军控制了七大洋，当时美国的外交政策是明确的，那就是门罗主义，完全不介入世界政治，美国奉行的是孤立主义。但随着欧洲的衰落，这一时期就这样结束了。自"一战"以来，美国外交政策的重点就是复兴欧洲，这日益成为其首要任务。1941年日本发动进攻时，美国决定优先考虑支持欧洲战场，而非把重点放在太平洋战场。20世纪40年代冷战开始时，美国外交政策的基点是欧洲的恢复和北约军事同盟。这种欧洲导向可能只是因为亚洲的核心地区仍然控制在欧洲国家——苏联手里。从美国的角度看，其在亚洲需要的只是在菲律宾或日本等地建立前沿基地（forward base）而已，目的是保护美国的侧翼。而其他方面的外交关系都在欧洲，是与欧洲强权，即以欧洲为中心的苏联的关系。更确切地说，美国的亚洲政策和行动，无论是朝鲜战争、越南战争，还是与中国恢复外交关系，从本质上讲，都是美国欧洲战略的组成部分：遏制和平衡以欧洲为中心的苏联。

在苏联不再是能控制亚洲的欧洲强权的情况下，现在的策略就不是很合时宜，更谈不上成功了。那么需要什么样的对策，欧洲不再是战略重点，美国如何制定新的战略，则是很难预测的。在所有新的政治形势下，这将是美国最艰难的挑战之一。

北美：美国新的关注点

北美区域的迅速形成，成了美国的主要关注点，而这将进一步干扰美国的外交政策。墨西哥和加拿大都是美国的邻国，墨西哥在南面，加拿大在北面，与美国这一相邻大国的关系一直是它们外交政策的重点，而美国对邻国却一向不太关注。世界经济的迅速区域化加速了北美区域的形成，出现了新的机会，也产生了新的问题。

美国南方的邻居墨西哥正在发生一系列的演变，这将改变美国与拉丁美洲的关系。自贝尼托·胡亚雷斯（Benito Juárez）以来，在100多年间，墨西哥外交政策的核心目标是与北方这一令人畏惧的庞然大国——美国保持独立，特别是经济独立。墨西哥与美国在地理上靠得很近，而在宗教、文化、价值观、历史和传统方面却存在巨大差异，对美国爱恨交加，难以名状。胡亚雷斯试图通过维护印第安人和农业国的状态来保持墨西哥的独立。他的继任者，波菲里奥·迪亚斯（Porfirio Diaz），则试图通过引进欧洲资金、欧洲银行家和欧洲厂商来抗衡可怕的美国。这场努力的失败导致迪亚斯的统治在1911年被推翻，接着是20年的内战。然后，墨西哥在工业上采取独立自主政策，高度保护国内工业，形成了封闭排外的墨西哥国内市场，工业大部分属于墨西哥政府。在很多年间，特别是在"二战"之后，这一策略似乎取得了成效。但在20世纪80年代早期，这一政策突然彻底失败了，部分原因是石油价格的崩溃，但主要原因是保护主义导致了政府的腐败及其所属企业的低效和缺乏竞争力。

出路之一，也许是唯一的出路，是放弃墨西哥持续一个世纪之久的经济独立政策，接受与美国的经济整合。在很大程度上，整合已是既成事实。墨西哥效率和薪酬最高的产业是沿美国边境的保税加工出口（maquiladora）工厂与福特和IBM等美国大企业在其境内的工厂，这些加工业主要甚至全部供应美国市场。有人建议创建美国-墨西哥共同市场。从美国的角度看，经济整合当然比长期接受大量墨西哥移民有利。现在，对许多墨西哥人来说，只有移民才能找到有薪工作。虽然对很多受到过度保护的墨西哥企业、员工和业主来说，转变过程会非常艰难，但整合对墨西哥的经济是有利的。然而，从文化和政治方面来说，这样的转变可能是个巨大的灾难，会威胁墨西哥的政治凝聚力，甚至可能会威胁政治统一。

但不进行经济整合，墨西哥能否生存？墨西哥北方大部分地区使用西班牙语，是主要的工业区，大部分土地比较肥沃。但大部分北方地区的气候太干旱，不利于农作物生长，而大部分南方地区的气候又太潮湿。从瓦哈卡开始的南方，仍是农业占主导地位，人口的绝大多数是印第安人。南方的很多地方还是由当地酋长统治的部落，与450年前西班牙人首次抵达时并没有太大的区别。当时，最伟大的基督教传教士巴托洛梅·德拉斯·卡萨斯（Bartolomé de las Casas）曾经说过："在成为基督教徒前，印第安人首先必须成为公民。"墨西哥南方的印第安人也必须成为公民。

在地理上，墨西哥与美国靠得太近，其问题不可能不影响美国。然而，无论是在美国还是在墨西哥，任何想象到的美国对墨西哥的政策都同样不受欢迎。例如，美国接纳大量墨西哥人的状况能够维持多久？在墨西哥的移民中，既有受过最好教育的人，也有最贫困、技能最差的人，他们逃离墨西哥是因为失业、饥饿和贫穷。而且，墨西哥能够长期承受大量民众逃到北方邻国、人才外流日益严峻的政治和社会代价吗？美国能够接受反美的左翼政府吗？墨西哥能够接受美国干涉内政吗？墨西哥的薪酬水平只是美国的 1/10，其农产品成本只是美国的 1/3。在这种状况下，美国能够更不用说愿意接受经济整合吗？

与其北方邻居加拿大的关系也同样日益重要。相对而言，1988 年加拿大和美国制定的自由贸易协定是否能够充分有效地执行，其实并非那么重要。在经济上，两国已经整合。事实上，自 20 世纪 20 年代以来，一度盛行的美国厂商单方面主导加拿大市场的不对称局面已在很大程度上得到了纠正。在美国境内，加拿大厂商、金融家和房地产开发商日益活跃。但加拿大现在面临一个已经存在 10 年或更久的老问题："加拿大究竟意味着什么？"这一问题最终必须面对。它是一个具有三种文化的国家吗？一种是中部的盎格鲁－苏格兰（Anglo-Scottish）文化，一种是魁北克的法兰西文化，一种是位于西部北美大草原各省的加拿大－美国文化？到目前为止，加拿大唯一的定义是，"它不是美国"。但随着两国经济整合程度的加深，要凝聚加拿大这一地广人稀、文化异质性的大国，这种否定式的定义已显得愈发不合时宜。美国传统的仁慈大度的姿态，其实经常并非那么仁慈大度，对两国关系漫不经心的态度，也同样日益不合时宜了。

国际事务中的主要新现实（绝不仅仅是对美国而言），仍然是苏联的行将解体。这一事件标志着以印度民族大起义和日本明治维新开始的从欧洲历史向世界历史转变过程的终结。每个政府、政治家和政治思想家都对此做好准备了吗？

CHAPTER 5 | 第 5 章

军备的破坏性

在人类历史上，1988年11月15日是个重大的里程碑，值得庆祝和纪念。这一天距离1945年8月15日，也就是美国和日本这两个大国结束上一次战争的日子，刚好是43年零3个月。上一次世界大国互相之间无战事的最长时间，也即从1871年普法战争结束到1914年8月1日"一战"爆发，也是43年零3个月。这两个时间刚好持平。当然，在此期间发生过1905年的日俄战争，打破了和平，但当时的日本还算不上大国。从1815年的滑铁卢战役到1854年英法与俄国较量的克里米亚战争，时间长达39年。这39年是大国互相之间的和平时期，值得庆祝，但1945～1988年的和平时期则更长些。

为什么没有人关注这一新的和平时间记录，这当然是有充足理由的。这些是难得的和平岁月。虽然大国互相之间没有爆发战争，但其中有几个大国发生了血腥的战争：法国在阿尔及尔和越南、美国在朝鲜和越南以及苏联在阿富汗等采取的军事行动。中东在大部分时间则仍战事频发：以色列与阿拉伯国家的战争、伊拉克和伊朗打了 7 年多的仗。印度和巴基斯坦之间爆发了短期的激烈战争。在北爱尔兰、中美洲和南美洲、非洲的大部分地区，也都发生过持久而残酷的内战。

在历史上，毕竟这些年的军备竞赛是时间最长、规模最大、分布最广的。自"二战"以来，军工行业一直在增长，而电脑、通信、生物技术甚至金融行业则都没有持续增长。1914 年 8 月之前的 20 年间，参与狂热的军备竞赛的只有四个国家：英国、法国、德国和俄国。意大利、奥地利，当然还有美国，都没有参与其中。但在过去的 40 年间，没有参与军备竞赛的只有一个大国——日本，两个中等国家——墨西哥和加拿大，其他国家都参与了军备竞赛。军事技术和武器的毁灭性能力都呈爆发性增长。而限制武器增加的努力只迈出了一小步：1988 年限制中程核弹头的美苏条约。其他方面，军备竞赛热潮持久不衰。过去的政治仆人，现在已成了主人。

军备已成了破坏性的力量，已成了削弱经济成就和经济发展的主要因素。军备是苏联经济危机、美国经济滞后，特别是拉丁美洲经济发展失败的主要原因。在社会上，军队不再能够发挥 19 世纪所谓的国民学校（the school of the nation）的功能了。无论哪里的军队掌握了政权，不论是在非洲还是拉丁美洲，很快就会成为负面的榜样：恐怖、残忍和腐败。在政治上，军事援助，历史上从没有像过去 40 年那样频繁使用过，但已经证明是不可靠的。在军事上，武器的作用其实是很有限的。在大国和小国之间的所有其他冲突中，往往是大国失利：法国在阿尔及尔和越南、美国在越南、苏联在阿富汗都是如此。在打赢了四场战争后，以色列取得的战果也并不如战争初期。在 7 年的血腥战争中,无论是伊朗还是伊拉克,尽管双方都用最现代化的武器武装到了牙齿,但双方都没有取得任何实质性的战果。尽管得到了世界各国的大量军事援助,非洲的内战仍在无休止地持续,军事上看不到任何决定性的胜利。

对于军事上的种种不佳表现和无能为力的情况,我们都可以听到各种具体解释。20 世纪 60 年代美国越战失败,原因是媒体在背后捅刀,或者是因为将领没有打好仗。毫无疑问,20 世纪 80 年代苏联在阿富汗的失败,莫斯科也流传出类似的辩解。但普遍性的现象需要普遍性的解释,而唯一的普遍性解释就是军备已经丧失了其军事能力。军备能够打赢战争,但不再能够决定战争。在一个核武器、生化武器和细菌武器时代,军备不再能够保家卫国。事实上,我们已经不能再认同卡尔·冯·克劳塞维茨(Karl von Clausewitz)的名言:"战争是政治的另一种延续方式。"战争实际上意味着政治的失败。

在美国的越战中,这一点已经开始明朗了。在肯尼迪政府的早期,我加入了国防部下属的采购和人事方面的咨询部。我在那里服务了 9 年,一直到越战快结束的时候。咨询部的成员中,有三位杰出的企业领导者、三位前高级军事指挥官和三位像我这样的学术界人士,大家几乎都不是和平主义者。然而到离开时,我们却达成了共识:军备是破坏性的,甚至在军事上也都是破坏性的。我们都清楚,和我们共事的军事官员也都认识到了这一点。然而,自从那时以来,遍及全世界的军备竞赛却愈演愈烈。

虽然裁军是有益的,但还是不够。我们要做的远比裁军艰难。我们要做的,其一是重申国防在世界政治体系中的角色和重要性,特别是重申政府必须对毁灭性武器进行垄断控制；其二是使国防和军备回归其政治的工具而非主人的地位，而在过去 40 年它已成为政治的主宰。我们需要重新思考国防、军备和军队在现代世界中的角色和功能，并对国家军事进行重新定位。

军备和经济

很多世纪以来，军备和军事力量纯粹都是消耗民用经济的负担，而对科技进步的贡献，如果有的话，也是微乎其微的。披戴熠熠闪光盔甲的骑士，其形象也许富有魅力，但骑士只是一味向社会索取，而并没有回馈社会什么。维持一名骑士，需要 4 匹马、至少 6 位随从，而要供应他们的给养，又需要消耗 8~10 个农民的产出。然而，骑士却毫不关注如何保卫提供给养的农民。当时，军事技术也没有转换成民用技术。在 14 世纪，西方就开始使用火药了，但在过了漫长的 500 年后，也就是到了 19 世纪中叶，火药才第一次应用到开采矿石、开凿隧道、建筑道路和修建港口的爆破中。制作中世纪的盔甲，需要技艺高超的军械师，他们一直掌握着当时先进的冶金技术，但他们并没有改进中世纪社会最重要的工具——耕犁。一直到了 18 世纪，耕犁才有了改进。

民用技术也同样没有转化为军事技术。在古代，西方只有使用桨橹的船只。大约在 8~10 世纪，西北欧把风车和水车组合成第一台机器，也就是将其改造成无需人力和畜力驱动的第一个生产工具。于是，在航海轮船中很快就采用了风帆航行技术，但使用人力的桨橹战舰仍继续使用了 600～700 年。

然后，在 17 世纪，情况发生了巨大的变化。从 17 世纪到"二战"的 250 年间，国防经济（defence economy）与和平时期的民用经济（civilian economy）并驾齐驱，互相促进。转折点是 17 世纪末，荷兰发明了除船员及其供给品外，还能运载大量货物的第一艘轮船。这艘原来设计用来运载重炮的战舰，不久就被改造成世界上第一艘高效的货船。这堪称和平时期民用经济的最大技术突破之一，可与蒸汽机、计算机和生物技术媲美。这引发了 18 世纪的商业革命：在人类历史上，第一次实现了世界贸易。欧洲人开始了经济渗透和全球统治的进程。在 250 年间，几乎每一次军事技术的进步都会迅速推动民用经济的发展，而民用技术也会非常迅速地应用到军事上。军事技术促成了第一个现代道路系统，其设计和建造的主要目的是满足 18 世纪早期法国路易十四统治欧洲的需要。然而，道路系统立即促进了内陆贸易。为了培养筑路工程师，1747 年法国成立了第一所工程技术大学——法国国立路桥学校。这标志着工程专业的诞生，从此我们可以系统应用科学技术进行产品与服务的设计和生产了。

反之亦然。在 1700 年后的 250 年间，每一项民用经济方面的重大创新几乎都能很快应用到军事上：蒸汽机、电话、无线电、汽车和飞机等无不如此。在此 250 年间，战争造成的破坏和浪费推动了经济的发展。战争极大地推动了技术的发展，否则可能还需要很多年才能应用到商业上。有个教科书上的例子，为了打破英国对欧洲蔗糖供应的垄断，拿破仑拨款开发甜菜糖（beet sugar），这堪称"政府国防研究"的首例。如果没有"一战"，无线电可能要推迟 30 年，也就是到 20 世纪 50 年代才能得以开发应用。在"一战"中,由于战场上有线电话性能很差,工程技术人员和大量政府资金都投入到无线电传送声音和音乐的开发研究中。同样,如果没有"二战",计算机可能还需要再过30~40年才能问世。第一台能够进行操作运算的工作用计算机(working computer),即著名的埃尼阿克(ENIAC),是为了满足军事需要开发出来的,使用的研发资金也是军队提供的。几年后的冷战促成了IBM在世界计算机领域的领导地位。在加拿大北极地区建立预警系统的军事命令使IBM能够设计和制造大量的第一代工作用计算机。

  同样重要的是,从17世纪后期以来的250年间,军事和民用生产设施可以互相转换。民用生产设施和民用产品很容易转换成战时生产和战时用途,然后又能很快转回和平时期的民用生产。19世纪早期,英国之所以能够崛起成为世界经济的领导者,一个重要的原因是,它能够把原来建造纳尔逊海军舰队(Nelson's fleet)的造船厂,改造成建造新设计的邮轮和快速帆船的造船厂,这使英国在此后50年间主导了海上贸易。同样的情况也发生在大西洋对岸的造船厂里。这些造船厂是在美国独立战争时期建立的,而在1812年的战争期间,为了建设美国海军进行了扩建。1941年12月参加"二战"时,美国实际上并没有什么军事生产能力。但只用了不到4个月的时间,美国就把位于新泽西林登(Linden),原来生产别克、奥兹莫比尔(Oldsmobile)、庞蒂克(Pontiac)汽车的工厂转换成了生产运输机的最大厂家。然后到了1946年1月,也就是"二战"结束后的5个月内,这家工厂又转回生产别克、奥兹莫比尔和庞蒂克了。

但现在这一切都已成往事。事实上，我们现在知道，国防开支和国防技术严重削弱了民用经济。我们现在都承认，日本的国防支出很少，国防研究和技术的支出更少，这是日本的主要优势之一。相反，美国沉重的国防负担是其丧失竞争优势和经济领导地位的主要甚至可能是唯一的原因。相比美国，苏联甚至把国民生产总值中更大比例的资金投入国防，这当然是其经济落后和持续恶化的主要原因。但其中更主要的问题是人才而非资金。日本科学家和工程师没有把精力和时间用到国防军事上，而都用在了民用经济上。在美国，1/3 的工程师投身军事工业。他们的日本同行在设计更精巧的客车车门，而美国类似能力的技术人员则基本上都在设计坦克和星球大战系统。在苏联，有才华的科技人员不能从事民用经济方面的工作，他们应征入伍，一直都在从事军事工业方面的工作。

对发展中国家，尤其是拉丁美洲国家而言，国防工业的增长已对经济造成了更大的威胁。军事负担是这些国家经济滞胀、通货膨胀和发展停滞的最大单一因素。在诸如秘鲁、智利、阿根廷或巴西等国家，国防费用可能消耗了一半的资金，而这些资金本来可用于生产性投资。伊朗巴列维国王的垮台，在很大程度上，是由于它把外国资本用来建立近东最大的单一军事力量（在它垮台时已是如此规模，但在与伊拉克的战争中显示，其实并没有多大的军事价值）。

因此，经济的第一要务是裁减国防费用，并控制高级人力资源投入没有经济效益甚至阻碍生产力的国防工业。

军队不再是国民学校

在社会上，国防也已迅速成为阻碍生产力的因素。法国大革命宣称军队是国民学校，不久以后，除英国和美国之外，这成了响彻世界各地的口号，现在还是拉丁美洲的口号。无论这一宣言是否曾经极具价值，但现在已不再有效了。军队可能会向士兵反复灌输良好习惯，特别是在招募没有文化的农民子弟时，因为他们没有技能、没有良好的卫生和工作习惯，也不能自律，在这方面也许还有一定的价值。但现在的民众，即使是发展中国家的民众，也早已今非昔比。军队传授的大多数技能，每次招兵广告上宣传的服兵役的好处，对民用经济的价值其实非常有限。年轻人只要做过一两年的社区服务，无论是对其个人还是对社会，学到的东西都会比在军营里待两年要有价值得多。

相反，军队已被反复证明是社会上的坏学校。拉丁美洲各国，如秘鲁、智利、阿根廷、巴西等，在其文职政府垮台时，接任的每个军人政府都说明了这一点。无一例外的是，军队接管者先是受到民众的热情欢迎，然后，军人政府就会滋生暴政、刑讯拷打、贪污腐败，其暴虐和腐化堕落程度往往远胜于前任，在一两年内就会陷入完全无效的状态。佛朗哥（Franco）时期的西班牙军人统治也是如此。对现代世界而言，军队的"美德"完全是不合时宜的。即使曾经能使其免受腐化，而现在，军队的美德也已不再能防止军队经受现代社会和现代政治的诱惑了。

军事援助和政治无效

作为政治工具,军事援助比有记载的人类历史还要悠久,但其结果却一直饱受质疑。有位罗马历史学家曾这样评论:接受援助的将领很快就会得寸进尺,这山望着那山高。军事援助的失败不是因为将领比其他人更不可靠,而是因为依靠外部支持与军事组织的宗旨是自相矛盾的,军队的任务是建立和保持国家的独立自主。外部的军事援助越多,招致的怨恨不满就会越多越深。援助的接受方变得越成功、越强大,其目标就越会与援助方的目标大相径庭。只有存在军事威胁,反对共同敌人的联盟才能有效发挥作用。军事援助是一种政治工具,但并不能发挥相应的作用。就像温斯顿·丘吉尔在其伟大祖先马尔伯罗公爵(Duke of Marlborough)的传记中反复指出的那样,军事援助从来就没有发挥过作用。作为政治工具,军事援助从来就没有像"二战"以来的40年间那样大量使用过,其效果也从来没有这么令人失望过。在使用军事援助方面,苏联比西方更早、数量更大,而效果也更糟,如对南斯拉夫的军事援助。但对西方和美国而言,这并不值得宽慰。美国慷慨的军事援助,如对一群上校执政的希腊、巴列维时代的伊朗、马科斯时期的菲律宾或诺列加(Noriega)在位时的巴拿马的援助,几乎每一次都只是成功地制造了敌人。

军 事 无 效

最深刻的变化是,所有大国军事行动的效果几乎都没有什么改善。

40年来，无论对手情况如何，即使针对的是一小股游击队员、恐怖分子或蓄意破坏者，绝大多数军事行动都失败了。在马岛战争中，英国投入的是世界上最强大的海军之一和训练有素的陆军，其对手则是几乎不成建制的阿根廷军队。在战争中，英国军队的后勤供应居功至伟，但我们现在知道，在军事上则几乎是惨败。几年后，美国动用8000多人的军队入侵小小的格林纳达。当然，美国占领了岛国，特别是当地民众把美国人当作解放者和拯救者来欢迎，在这方面，美国无疑是成功的。但我们现在知道，从军事上看，这一军事行动近乎一场灾难。

无论原因如何，可以明确的是，即使从军事上而言，军事力量也是无效的。原因之一是，即使是最强大的国家，也只能针对一种军事行动着手准备、制订计划和进行训练。然而，在现代技术条件下，有无数可能的军事行动，每一个都需要不同的战略、不同的战术、不同的后勤保障、不同的训练方案和不同的战争基本原则。更重要的是，其实并没有什么基本的战略原则，而有的只是备选方案和应急方案，每个方案都具有同样的可能性和不可能性。一支军队只能针对一种敌人制订一种作战方案，然后据此制订相应计划、进行训练、确立指挥体系和配备武器装备。任何国家的军队都无法针对任何敌人制订任何作战方案，然后制订各种计划、进行训练、建立指挥体系和配备武器装备。英国建立舰队保卫北海，预防苏联潜艇入侵，但这对护航遥远的南大西洋军队运输舰则是一种错误的军力部署。为了远海（open sea）作战，美国建造和装备驱逐舰，以便在窄浅拥挤的波斯湾为油轮领航，也是很不合适的装备。无论是古代中国人，还是恺撒（Caesar）或克劳塞维茨，每一位军事家都强调战术必须灵活。但战略必须确定，必须基于明确的目标和假设，不能朝令夕改。训练、指挥体系或武器装备也不能随意变更。

无论原因是什么，事实是明确的：军备不再是政治的工具。矛盾的是，这在很大程度上解释了为什么在过去 40 年军事工业取得了如此迅猛的增长。我们试图以数量取代目标，试图通过建立庞大复杂的军事系统来重获国防力量，但这绝不会成功。

私人军队的回潮

政府正在迅速失去对军备武器及其使用的垄断控制，这很可能是最令人不安的发展趋势。自从 16 世纪现代国家崛起以来，有个不言自明的原则，这就是国家必须对战争和战争工具进行垄断。1618～1648 年的三十年战争（Thirty Years War）对欧洲造成了巨大的破坏。在此期间，还有私人军队（private army）。但在这场冲突结束时，所有欧洲大国都确立了一个明确的政策：军队必须置于国家元首的控制之下。国防的概念是国家有责任提供保护公民的防卫工具，国家具有军事专有权（exclusive right）。

这仍是官方的基本原则。但这一意义上的国防是否仍然可行？是否还有什么实际意义？里根总统最具争议的倡议是战略防御计划，也就是不久后所称的"星球大战计划"。这一计划旨在通过发展新技术来保护美国免受核武器的攻击。即使成功实施了，星球大战计划也无法保证美国免受核武器的攻击。核武器可以通过邮递的方式进行攻击，无论是外国政府还是恐怖分子邮寄给帝国大厦某一邮政信箱的很小邮包，如果遥控引爆的话，它对纽约造成的破坏都要比 1945 年美国在日本广岛和长崎引爆原子弹更大。具有巨大破坏力的生化武器甚至更容易以类似的方式带入美国，很难检测，也防不胜防。由此可见，国家对国防的垄断已被打破。恐怖分子已恢复了私人军队。传统意义上的国防不是针对恐怖分子的，因此传统军事力量对其无能为力。任何政府的行动都无法控制或消灭恐怖活动。

我们400年前开始的民族国家（national state）之路已经走到了尽头。在此过程中，我们建立了国家陆军、国家海军、国家空军，国防是政府主权和国家政治的核心。但这一切都已走到了尽头。

单边裁军或和平主义都不能解决问题。事实上，威慑平衡，核战争的互相毁灭，才是维护过去40年大国之间平衡的力量。我们迫切需要停止军备竞赛。从这一意义上看，在里根总统任期的最后一年，他与苏联谈判达成了协议，同意销毁一大类的核武器，这是非常重要的第一步，但也仅仅是第一步而已。我们最需要的是接受现实，消除军备竞赛，而不仅仅是限制军备竞赛，这同样符合世界各国的利益。30年裁军的策略是：如果能够获取军事优势，就进行裁军。1988年里根和戈尔巴乔夫达成的协议之所以重要，原因是，双方都默认，在不获取或保持优势方面，双方都有相同的利益；在削弱军事力量方面，双方有共同利益。但要让全世界都理解这一道理，还有很长的路要走，更不用说接受这一观念了。然而，接受削减军事开支和军事组织是所有国家的共同利益这一观念，可能比仅仅几年前大家认为的要更容易些。经济需要也许会迫使我们往这一方向转变。除了日本，从经济上看，每一个大国都需要大幅裁减军事开支。在发展中国家，这一需要甚至更强烈。在人类历史上，这将是经济需要首次战胜军事扩张的先例。同时，这也是人类历史上首次证明，即使从严格的军事意义方面而言，军事扩张也往往是无效的。

我们也许已经接近这样的时机了：所有大国都能达成共识，放弃军事援助，认为军事援助对自己是有害的，共同遏制恐怖主义，就像19世纪各国共同缔结1857年的《伦敦条约》（Treaty of London），共同致力于消灭海盗那样，或者就像20世纪50年代，各国同意（至少默认）遏制"空中海盗"（air piracy）那样。

但最重要也是最基本的需要是，重新全面评估国防和军备的功能。国防不再是可行的，只有实施行动才是有效的。从根本上而言，军备不再是政治的有效工具。而为了恢复效果，军队应何去何从？必须采取什么行动？

2

第二部分

政府和政治过程

THE NEW REALITIES

第 6 章
政府的局限性

第 7 章
新型多元化

第 8 章
警惕魅力：对政治领导力的新要求

第6章 | CHAPTER 6

政府的局限性

近两个世纪以来，我们一直都在热烈地探讨政府应该做些什么，但我们几乎从来不问政府能够做些什么。现在，政府的职能及局限日益成为值得关注的重大问题。虽然政治和社会理论仍然假设政府是唯一的权力中心，但事实已发生了变化。在发达国家，社会和政体又已日趋多元化，从而彻底扭转了中世纪结束以来盛极一时的大一统趋势。这些新的多元化趋势和我们以前所知道的迥然不同。社会多元化是要建立绩效导向、单一任务型的非政治组织机构。政治组织多元化是一种新的群众运动：关注单一目标或单一利益、完全政治化、高度组织化的小型团体运动。

这些新的现实对政治领导力提出了截然不同的新要求。虽然很多人非常热衷于探讨领导魅力，但试图通过领导魅力去满足这些要求却无疑是缘木求鱼，只能导致效率的低下甚或无效。

从全能政府到私有化

在影响力方面，历史上很少有书能与亚当·斯密1776年出版的《国富论》媲美，只要受过教育的人，几乎都知道这一经济学经典著作。但在其问世几十年后直到最近，大家几乎都忘记了亚当·斯密的主要观点。斯密对商人其实并没有什么好感，对利己主义则更没有好感。他并不认为政府管理不好经济，而是认为政府根本就不能管理经济，甚至连管理不好都谈不上。这样说吧，他不认为大象飞得不如燕子，而是认为政府就像大象，根本就不能飞翔。

但在《国富论》出版之后不久，还未到拿破仑战争（Napoleonic Wars）结束的时候，大家探讨的关注点，甚至包括斯密的追随者，都已从政府能够做什么转移到政府应该做什么上去了。斯密探讨的是政府的性质，而19世纪关注的则是政治。在19～20世纪，即使是自由市场最坚定的拥护者，也不怀疑政府的能力。他们讨论的是政府的合法性。在19世纪后期，对政府计划、政府控制和政府能动性持最激烈反对意见的是英国哲学家赫伯特·斯宾塞（Herbert Spencer）。他堪称最后一位伟大的自由主义者，甚至反对公共教育，因为会影响个人的自由。然而，斯宾塞从不怀疑政府执行计划的能力，但他反对政府制订计划的合法性。类似地，在1944年出版的反政府干预的小册子《通往奴役之路》（*The Road to Serfdom*）中，新保守主义之父哈耶克（F. A. Hayek）并不认为政府是无能为力的，⊖而认为政府太过强势。他反对政府干预经济，因为这

⊖ 大约50年后，在其1989年出版的《致命的自负》（*The Fatal Conceit: The Errors of Socialism*）一书中，哈耶克得出结论，无论是理论还是实践方面，都是信息的性质特征阻碍了政府对复杂经济的有效管理甚或控制。该书由Routledge出版，而当时，本书——《管理新现实》已交付出版商。

会威胁自由。这自然是个令人信服的观点。

在亚当·斯密的《国富论》出版 200 年后,再次提出政府局限的问题时,大家却都认为是无关紧要的,甚至是愚蠢的。1969 年我出版了《不连续的时代》(*The Age of Discontinuity*)⊖。在书中,我第一次提出这一问题时就面临这样的情况。在那本书中,我也首次用"私有化"这一术语来称呼我预见的国有企业和行业所剥离的业务。但在伦敦的《经济学人》杂志评论这本书时,对私有化这一概念极尽讽刺嘲笑之能事,认为非常荒谬,不可能发生。

但仅仅 10 年后,玛格丽特·撒切尔出任英国首相,立即推行了私有化。从此以后,私有化不仅成了保守主义者推行的执政纲领,如英国撒切尔夫人和 1986 年出任法国总理的雅克·希拉克(Jacques Chirac)等,连 1988 年法国社会党重新执政时,也誓言推行私有化。事实上,即使面临劳工运动的激烈反对,他们还是毅然把法国最大的国有企业——雷诺汽车公司私有化了。私有化推行最彻底的是新西兰工党政府,甚至对邮政服务也进行了私有化。

另一种私有化的形式甚至推行得更快:私人承包商通过竞标的方式接管政府买单的公共服务。20 世纪 70 年代政治学家和市政管理者特德·科尔德里(Ted Kolderie)首先在美国明尼苏达州的圣保罗市推行这一实践,然后推广到全世界。美国佛罗里达州假释了第一批被判有期徒刑的罪犯(一般有 2.5 万名),移交给救世军管理。在许多城市,甚至包括大城市,现在正流行发包街道卫生、消防甚或警察治安方面的工作,美国的一些州甚至已经把监狱管理工作移交给了私人承包商。即使是传

⊖ 该书由纽约的 Harper & Row 及伦敦的 Heinemann 出版发行。

统的倡导者，现在也已不再怀疑政府职能的局限性了。

出现这一巨变有三大原因。首先，"二战"以来，政府计划方案和政府运作的失败；其次，我们已经知道政府税赋和开支能够取得的成效具有局限性；最后，我们现在知道政府获取收入的能力也具有局限性。

政府能够做什么

19世纪，政府的绝大多数事情都做得很漂亮：如邮政服务、欧洲的国有铁路、德意志帝国（Imperial Germany）的健康保险方案、1900年左右奥地利帝国率先制订的工人抚恤金方案等。20世纪30年代罗斯福新政的社会计划也取得了成功，至少很少失败。

但自从"二战"以来，只有一个国家的政府计划大体上仍得以成功推行，这就是日本。在所有其他国家中，"二战"以来的绝大多数政府的计划都是问题重重，深陷泥沼。如果要说它们取得了什么成效，往往都是在执行过程中南辕北辙，走向了反面。自赫鲁晓夫（Khrushchev）时代以来，苏联改善农业生产和效率的巨大努力就是如此。然而，在农村推行家庭联产承包责任制后，中国的农业生产和效率几乎在一夜之间得到了巨大的提高。但林登·约翰逊的"向贫困宣战"、后来的美国政府消灭毒品，以及促进接受福利救济的母亲（welfare mother）就业等努力，同样都没有取得什么成效。

更糟糕的是，从19世纪以来，直到"二战"，在绝大多数国家一直都推行得很好的政府计划方案和活动，现在却都问题重重。在巴黎的一次会议上，有人问国际快递公司联邦快递的创始人和首席执行官弗雷德·史密斯（Fred Smith），为什么没有在瑞士开展快递业务，他这样回答：“瑞士是邮政服务仍然做得很好的唯一西方国家。"欧洲的国有铁路亏损巨大，在1986年进行分拆和私有化前的日本国有铁路也同样如此。然而，尽管欧洲和日本的纳税人把大量资金投入国有铁路，但只有非政府经营的美国铁路在货运上仍然维持效率。资本主义世界的国有铁路所运输的货物不到货运总量的1/10，而美国铁路的货运量则占其货运总量的2/5，并且还能盈利。

我们现在知道为什么政府本来就不能做某些事情了，而即使政府能做的事情，也必须具备合适的条件。只有在垄断的情况下，政府才能够做好事情。如果还有其他方式可以做好某件事情，也就是存在竞争的情况下，政府就不能做好这一事情了。19世纪的邮政服务是个真正垄断的行业，铁路也是如此。当时，在陆地上没有其他传递信息或运输货物、人员的方式，但一旦出现了能够提供同样服务的其他方式，政府就会不知所措，无所适从。

政府发现，即使某一行动措施已然完全不合时宜，也很难放弃。因此，它们就会变得过时落伍，不再有效。即使某一活动已经完成了目标，政府也无法放弃，但私有企业则可以清算、变卖和解散。政府活动是永续经营的。现在虽然也有《日落法案》（Sunset Laws），规定了政府活动的时效：除非重新批准实施，某项活动到期就予以废止。然而，不管变得如何过时无效，立法机构一般都会批准继续实施。到了这时候，这也就成了一项既得利益了。

道义问题还是经济问题

最重要的是，任何政府活动几乎都会立即成为道义问题，而不再被视为经济问题，也就不再是个如何运用人财物等稀缺资源的问题了，而成了一个绝对的道义问题。正是政府活动的性质导致人们将其视为一种标志和象征，赋予了神圣的意义，而非一种功利活动和实现目标的手段。在政府活动没有取得成效时，人们不会提出这样的问题："我们是否应该改弦易辙？"而是会加倍努力，因为这只表示邪恶势力是多么强大。经济问题的判断标准是本益比。对道义问题而言，本益比是个肮脏的词汇，是对原则的出卖和背弃。当然，真正的道义问题是有的，任何的折中妥协确实是一种背叛行为。但即使是道义问题，如果无法取得成果，我们也应该质疑为之付出的努力。例如，到了1917年，无论是德国还是协约国，其实都应该质疑"一战"中疯狂的堑壕战，因为它造成了无谓的人员伤亡。但到了这时候，对交战双方而言，战争已成了道义问题，只有取得完全胜利才是唯一可接受的目标。这引起的后果是，促成了希特勒在德国的崛起、经济大萧条和"二战"。

吸毒当然是有害的，也是可怕的，但如果在政府开展反对吸毒运动20年后仍一无所获（而在美国，情况只是变得更糟），我们就应该质疑这一道义问题。到了这时候，我们如果去做能做的一件事情，也许是更有效的：废除对吸毒的刑事处罚，而对毒品交易征税，虽然这似乎是不那么道德的。

吸毒确实是有害的，因此也确实是个道义问题，而电力供应则无疑是个经济问题。但在如今美国的政治环境中，这也成了道义和原则问题了。田纳西流域管理局（TVA）早已完成了 20 世纪 30 年代设立的目标：为当时这一贫穷的农村地区提供廉价的电力。而现在，该地区既不贫穷，也不再是农村地区了。现在 TVA 供应电力的价格是全美最贵的，整个系统也是一团糟。最近，一位新上任的总经理鼓起勇气建议私有化时，却立即掀起了一场风暴，受到公众义愤填膺的道义指责。本来是项公益事业，只不过是个供应廉价电力的工具，现在却成了一种象征和神圣的东西了。

政府不仅很难放弃，也很难创新。邮政服务把笨重的纸张送到遥远的地方，速度很慢，而传真则采用电子方式可以把信息很快传送到很远的地方。传真可能是邮政服务的未来发展方向，但这并不是邮政当局发明或推介上市的。

只有在没有政治压力的情况下，政府才能做好事情。只有在单一目的的情况下，邮政服务和铁路运输才能做好。但很快，也许是不可避免的，就形成了滥用这些服务来创造就业的压力，特别是雇用那些很难找到工作的人，如美国邮政服务雇用的黑人。只要政府活动不止一个目的，效果就会下降。

如果基本假设发生了变化，政府活动也不能取得良好的效果。19 世纪末开始推行工人抚恤金的时候，其基本假设是产业工作本身是危险的。推行工人抚恤金制度的初始目的是鼓励业主保障工作的安全。业主缴纳的保费是基于其工作的安全性，这就极大地鼓励了他们努力改善作业方法。但基本假设仍然是产业工作，特别是机器作业工作，本身就有发生事故的风险。因此，工人抚恤金制度并不关注谁应承担过失责任，其目的是无论谁或什么出现过失问题，都应确保工人得到补偿。我们现在不再接受这一假设，但日本是个例外。日本的工人抚恤金制度仍然运行良好。在西方，我们假设产业作业应该安全，如果发生了产业作业事故，要追究责任的话，通常应该追究业主的责任。过去提供工人抚恤金旨在鼓励业主和员工保障安全，但现在则成了惩罚措施。结果是扭曲了整个体系：一方面，费用在稳步提高；另一方面，其满意度和效果则在稳步下降。

政府活动有下列严格的限制条件：必须是做某项任务的唯一方式；不要超过期限，一旦实现了目标，就应该停止执行；不应用来实现政治目标，不管政治目标多么冠冕堂皇，政府活动必须集中在公众的具体工作方面；最后，其基本假设必须保持不变。这些规则不应违背，一旦违背了这些规则，政府活动就政治化了，这必然意味着政府服务的迅速恶化。

政府活动的难易

有些活动，即使符合其有效性的所有条件，政府也很难做好，也许根本就不应该去做。如果某一活动要满足不同的利益相关团体，而这些不同团体又具有不同的价值观和要求，处于这样的压力下，政府就会做不好事情。要做好事情，必须专注于一个目标，需要确立轻重缓急，并贯彻始终。前面提到的特德·科尔德里率先倡导把市政服务项目发包给私人承包商，他谈到了政府活动的难易情况。政府不能做困难的事情，当然也做不好。难易的差别在于政治化。容易的事情，所有利益相关团体都想要相同的绩效，就像它们对19世纪的邮政服务的要求那样。如果不同利益相关团体期望和需要不同的东西,并有不同的价值观和期望,那么这样的活动就是困难的。自"二战"以来,美国和其他绝大多数西方国家的绝大多数政府计划方案,要么是对不同的人承诺不同的事情,要么是有利于某一社会群体而损害其他群体。因此,这些计划方案难免会引起激烈的纷争,很快就会失去焦点,无法有效推行。因此,它们都是困难的计划方案。

这一区别也解释了为什么政府企业只有在纯粹以赚钱为目的的情况下才能有效运作,就像18世纪的王权垄断(crown monopoly),如欧洲的烟草专卖。一旦政治或社会价值观干扰了单纯的逐利动机,政府企业就不能有效运作,经营就会变得困难起来。例如,现在意大利政府的国有企业管理不善,巨额亏损,原因就在于其职能角色的混乱:既要像企业那样运作,又要承担就业的社会责任,还要资助政客及其亲友。

我们现在已经开始能够粗略理解"二战"以来政府活动的一些重要教训了。

- 有些显然是政府的职能,除了政府,任何其他个人或组织都不允许履行,只能由政府来履行。其中国防和军备就属于政府的垄断权力。维护法律、秩序和公正,公民晚上能够安心地睡眠,在大街上行走不用担惊受怕,这也是政府的职能。一个世纪前的政府可比现在的绝大多数政府做得好很多。

- 有些政府职能则要复杂得多,也更受争议:维护我们现在所谓的公平竞争环境(a level playing field)。政府能够建立人人平等的基本原则。美国的证券交易委员会之所以有效,正是因为建立了明确的规则，使证券交易双方能够诚实地进行交易，排除了骗子（或至少增加了行骗的难度），这符合所有人的利益。换言之，我们现在知道，政府能够并且应该比19世纪的自由主义者，如赫伯特·斯宾塞等，所宣扬和希望的积极主动得多。政府的角色必须更接近19世纪的保守主义者的信仰。他们之所以要限制政府，恰恰是因为他们需要一个强大而卓有成效的政府。

- 我们知道，并非政府所做的所有事情都需要永续。然而，要放弃某一政府活动是很困难的，总会受到强烈的抵制。无论政府做什么，都会成为道义问题。因此，政府活动需要从一开始就是临时性的。应该确定一项新的计划方案、一个新的组织机构的实施期限，并且应该很短，还需要明确在这一期限内预期的结果。另外，还需要明确承诺，如果不能产生预期的结果就放弃。

- 无论什么事情，如果非政府组织能够做得更好，或至少能够做得一样好，就不应该由政府来做。重要的并不是某一活动是否是商业活动，是否以盈利为目的，或至少以盈利为评价标准；重要的是不由政府来运作。其中一种方式是私有化；另一种方式是转换政府的角色，从参与者转换为提供者，由政府制定标准，然后由外部承包商来具体实施。

金钱买不到的东西

我们已经认识到，政府并非什么事情都可以做。与此同样重要的是，我们还应该认识到，政府资金也不是万能的。事实上，在有些方面，政府支出只能弄糟事情。例如，政府能否用钱来改变社会？如何用钱来改变社会？

怜悯关怀是政府的正当合法职能，保护穷人和受压迫者也是如此。中世纪的国王在其加冕典礼上宣誓要当穷人的父母。在所有人类历史上，最成功的政府措施是帮助穷人：19 世纪的公共工程让穷人享受早先只有非常富裕的人才能享受的各种待遇——下水管道、清洁的饮水、公共交通、学校和医疗服务。政府的这些支出非常成功地创造了良好的环境，让穷人也有希望过上体面的生活。

20 世纪，我们一直投入大量的政府资金来改善穷人的社会状况，但结果几乎都令人失望。在某些方面，穷人的状况反而恶化了。"二战"以来，最失败的两个政府计划是美国政府耗资巨大的两个项目：低收入者住房和福利保障。美国政府花费巨额资金建设的大量低收入者住房后来都废弃了，这些住宅区的情况甚至比其取代的贫民窟更糟：充满各种犯罪事件、令人恐怖、到处都是恶意破坏的景象、肮脏混乱、鼠害成灾。尽管政府支出数额巨大，并不断追加投入，但美国的福利困境（welfare mess）⊖却日益严重。事实上，情况已经非常严峻，形成了恶性循环。虽然政府投入更多的福利资金来帮助穷人，但美国的穷人，特别是黑人穷人，却变得更贫穷、更无望和更弱势了。美国政府的福利支出鼓励了穷人的依赖性，使穷人丧失了谋生能力，而非激励他们去创造更美好的生活。

与此形成鲜明对照的，也许是过去 40 年来最成功的政府计划：英国首相撒切尔夫人对低收入者公共住房和市镇统建住房群的私有化——让租户购买住房，使之成为业主。于是，几乎在一夜之间，这些廉价公

⊖ 也有翻译成"福利垃圾"的。——译者注

寓的精神和物质面貌都焕然一新了。它们可能绝不会变成具有审美情趣的地方，但已经变成了有自我尊严、得以悉心维护和具有安全感的住宅，已经成了彼此可以守望相助的社区。

我们是否应该放弃通过政府支出来进行社会改造的观念？也许我们大多数人都不愿意这样去做，因为通过政府支出改造社会的需求还非常强烈。但我们需要认真思考一下，那些没有成功并很可能是有害无益的社会改造活动还要维持多久？

税赋做不到的事情

然而，政府还有另外一种改变社会状况的方式：力图通过税赋系统改变收入的分配。这是个更不成功的方式，因此我们甚至更不应该继续维持下去。

奥利弗·温德尔·霍姆斯（Oliver Wendell Holmes）是一位美国法律学者和法官，他说过一句令人印象深刻的话："赋税权就是破坏权。"霍姆斯只不过是把我们早已知道的东西用简洁有力的语言表达出来罢了。征用性和惩罚性征税已有很长的历史。霍姆斯所处时代的一个新生事物是形成了这样一种观念：税赋可用来进行奖励。税赋可用来重新分配收入，特别是可将财富从富人向穷人转移，从而促进社会的公正和经济的平等。这首先是由德国的社会主义学者（academic socialists）在20世纪初期提出的。他们大多数是经济历史学家，既反对资本主义剥削，也不赞成阶级斗争，主张通过税赋机制这一第三种方式对收入进行重新分配。在"一战"之前，英国政治家戴维·劳合·乔治（David Lloyd George）

据此制定了政府的预算政策，在1918年后，就成了各国政府的政策。就在劳合·乔治刚刚推出其预算政策时，意大利数量经济学家维尔弗雷多·帕累托（Vilfredo Pareto）推出了帕累托定律（Pareto's Law）。帕累托毕生研究收入分配，他得出的结论是，政府不能有效地改变收入的分配。当地的主流习俗和价值观只能对收入进行微调，收入分配是由经济体的生产力决定的。某一经济体的生产力水平越低，收入不公平的程度就越严重；反之，生产力水平越高，不公平的程度就越低。

我们所有的经验都验证了帕累托定律，同时也显示了劳合·乔治提出的政策是无效的。但不可否认，税赋可以转移收入和财富。劳合·乔治的遗产税已在很大程度上剥夺了爱德华时代英国非常富有的大地主的财富，但把这些财富都转移给了同样非常富有的另一群体：金融家、实业家和商人。今天的英国，之所以在收入和财富方面要比20世纪初更公平些，是因为生产力水平要比当时高很多。然而，今天的英国生产力水平要比联邦德国低很多，因此，其收入分配的公平性也差很多，尽管英国有更复杂的收入重新分配的税赋体系。在收入不公平方面，苏联和墨西哥可谓半斤八两，同样都很不公平。现在每个人都知道，特别是苏联人更了解，有据可查的200万领导干部，大约占其人口的1%，享受各种特权：特供商店、特殊的学校、特殊的医院、特供的住房、特殊的乡间度假别墅、专用的交通工具等。这使他们能够享受很富裕的生活和很高的实际收入。墨西哥的情况很类似，非常富裕的也约占人口的1%。在工农业的生产力方面，苏联和墨西哥现在大致处于同一水平。只有帕累托定律可以解释，为什么所有发达国家，尽管在税率和赋税结构方面存在巨大差异，但其收入的分配却非常相似。

事实上，只有一个政府政策似乎可以改变收入和财富的分配：通货膨胀。通货膨胀剥夺了中产阶级。当然，在很大程度上，是通过破坏生产力的方式做到这一点的。

通过税赋机制对收入进行重新分配，许多政客和选民仍认为这是社会政策的最有效工具。然而，现在也许已经到了回归传统准则的时候了：税赋的目的是产生政府收益，但要尽量降低社会和经济方面的副作用。

财政国家的局限

在"一战"的黯淡岁月里，当时的伟大经济学家约瑟夫·熊彼特（Joseph Schumpeter）发表了一篇文章《财政国家》（*Der Steuerstaat, The Fiscal State*）。在文章中，熊彼特反思了战争的经历，预见了政府财政和政策的新时代。熊彼特指出，在"一战"前，没有所谓的绝对政府（absolute government）。政府只能通过税赋或借贷筹集到其国民收入很小比例的资金，可能不超过5%。然而，在"一战"期间，参战的每个政府，年复一年，筹集巨额资金。即使是其中最贫穷的政府，如奥地利和俄国等，在数年间，它们把国家的大量财富转换成了战争公债，数额超过了国家的总收入。熊彼特预测，在这种情况下会形成新的、不同的经济状况：通胀压力愈演愈烈，最终导致通胀肆虐横行。熊彼特指出，这势必会破坏国家的政治体制。因为在整个历史上，收入总是有限的，政策制定者一直以来都在进行抉择。他们必须有所取舍，必须拒绝某些要求。制定决策必须量入为出，必须受到实际收入状况的限制。如果取消了这种限制，他们就无法抵制各种要求，特别是那些合理的需求和符合道德良知的要求。因此，政府筹集收入的能力会错误地将用于生产性投资的资金，如用于生产设施和新技术的财富投资，导入旨在重新分配收入的非生产性政府开支方面。

现在，我们知道熊彼特是对的。我们也知道，即使反对熊彼特的意见，也还是有限制的，它们只是比一个世纪前的限制要少些，但是真实存在的。政府能够实际筹集的收入是有限的。如果不想严重破坏经济或国家的凝聚力，政府筹集收入的能力限制甚至会更多些。熊彼特之后20年，第一个指出这一点的是澳大利亚经济学家科林·克拉克（Colin Clark）。刚好在"二战"之前，克拉克断言，如果不想产生无法抵御的通胀压力，政府收入就不能超过国民生产总值或个人总收入的25%。我们不知道25%是否真的是政府收入的极限，因为有证据显示，这一极限可能接近40%，而非25%。但无论如何，这一极限总是存在的，超过了这一极限，政府收入的提高就不能刺激经济。如果抑制政府的收入，就会产生我们现在所谓的滞胀；如果不限制政府收入，则会产生日益严重的通胀压力。除日本外的所有发达国家，都已经达到了这一极限。如果超越了这一极限，政府开支就会变成一种威胁和痛苦。如果提高政府从国家收入中征集的份额，该份额一旦超过了这一极限，那么政府的实际收入甚至可能不增反降。

无声的税赋叛乱

财政国家还受到另外的、甚至可能更严格的制约。一旦政府的财政收入，特别是如果通过税赋收集超过国民生产总值或个人总收入的一定百分比（35%～40%），就会引起无声但影响巨大的税赋叛乱，大家就会不愿意去工作。如果额外的收入都被税收拿走了，那工作还有什么意义？更糟糕的是，人们开始欺骗。无论什么国家，如果税赋接近或超过个人收入总额的40%，灰色经济就会得到迅速发展。在1960年前，美国几乎没有什么税赋欺诈。我们不知道现在美国的灰色经济规模达到了什么程度，当然不会有这方面的数据，但估计应该达到了正式经济（official economy）的15%左右。像瑞典这样的国家很可能达到30%。在意大利，众所周知，其灰色经济确实极具活力，达到了这样一种程度：官方统计报告失业率高达20%，但在过去20年的大部分时间，意大利北方一直劳工短缺。西班牙也存在同样的情况，官方的失业率远超20%，而消费支出数据显示，实际的失业率甚至不到10%。只要税率居高不下，任何企图消除或限制灰色经济的努力都是徒劳无用的。虽然大家都在大声谴责灰色经济，但实际上大多数人不仅参与其中，而且还认为自己的行为是符合道德的，甚至自以为是聪明的。然而，这削弱了社会的道义凝聚力，产生了危险的政治影响和玩世不恭。70年前，熊彼特警告通货膨胀会破坏自由社会（25年后，在1946年出版的《资本主义、社会主义和民主》一书中，他又提出了这一警告）。在"一战"后，欧洲特别是德国的通货膨胀充分证实了熊彼特的警告。灰色经济这一无声的税赋叛乱尽管缓慢，但也是对自由社会的一种腐蚀和毒害。

在过去，政府一直不承认其在行动、改造社会的能力或筹集财政收入方面存在什么限制。而现在，这一时代是否已经接近尾声？有些迹象已经初步显示了这一点。至少政客已经认识到没有什么人还会相信他们的承诺。套用熊彼特的术语来说就是，我们已经接近"支出政府"

（spending state）的尾声了。

我们是否愿意再次接受政府在通过税赋或借贷来筹集资金的能力方面存在限制？我们是否愿意再次学会根据掌握的资源量力而行，而非根据需要的支出来制定预算和政策？我们是否愿意再次学会说不？制定决策是有风险的，实际上也是不受人欢迎的。但也许我们应该准备接受：制定决策是政治家义不容辞的职责。

CHAPTER 7 | 第 7 章

新型多元化

在发达国家,社会和政治形态都已多元化了,而且其多元化的方式前所未有,也互不相同。但目前的理论却已严重滞后,仍然假设只有一个有组织的权力中心——政府。在发达国家,无论是社会还是政治形态,现在都已充满各种权力中心,并且这些中心都独立于政府之外。社会的新型多元化关注功能和绩效。社会多元化是一种单一目的型组织的多元化,每个组织都只关注一个社会任务,如财富创造、教育、医疗保健或培养年轻人的价值观和良好的习惯等,这一新型社会多元化是非政治色彩的。政治形态的新多元化则与之相反,它集中关注权力,是一种单一目标、单一利益团体的多元化,是一种纪律严明的小型团体的群众运动(mass movements)。每个团体都在争取通过大众或说服来获取无法获取的权力,每个都只与政治有关。

无论是社会的新型多元化,还是政治形态的新型多元化,都对政治过程和政治领导力形成了重大挑战。前者的挑战在于其非政治色彩，后者的挑战则在于只关注政治，而不考虑其他任何方面。

多元化社会

150年前，社会任务，无论是抚养和教育孩子，还是照顾病人和老人，主要是由家庭来承担的。现在，社会任务则日益通过组织来承担，如企业、工会、医院和保健系统、幼儿园、中小学和大学等。

75年前，美国几乎所有的婴儿都是在家里出生的，医院妇产科主要是为非常贫困或病得很重的产妇接生；而现在，美国婴儿则几乎都是在医院里出生的。75年前，3/4的美国产品都是在家庭农场或不到5个人的企业里制造的；而现在，3/4的美国产品则都是在不少于25人的企业里生产的。75年前，大多数美国孩子还在上只有一两间房子的学校；而现在，大多数孩子上的学校设施都很完善，有些中学的学生人数高达五六千。这些组织都只有一个任务：企业生产产品和提供服务、企业工会限制管理层的权力、医院治疗病人、大学创造和传播知识。它们都是单一目的型组织，这些组织都不属于政府，都没有政治色彩（欧洲传统工会除外）。然而，每个组织都有一个控制器官，即管理层。为了取得成效，每个组织都必须有很大的自主权。法律上独立的组织，如美国的私立大学或非政府、非营利的私立医院等，与国有的或受政府各部门控制的另一种组织，如欧洲的大学和医院等，其实在自主权方面并没有什么差别。现在甚至连苏联人都已明白，无论是国有企业还是私有企业，要良好运作，或者即使勉强运作，也都必须具有自主权。20世纪二三十年代的极权主义，无论是意大利还是德国，都可以看作是维护中央政府权力垄断的最后努力，企图掌控社会的所有方面、所有的社会组织和所有的社会功能。但极权主义，无论是左派还是右派，都失败了。不仅在创建切实可行的新社会方面失败了，而且在力图扼杀新组织的自主权方面失败得更惨。所有极权主义者能做的只是取缔组织，无论是纳粹分子还是法西斯分子，都无法成功地运作组织。为了取得任何成果，他们必须在很大程度上恢复组织的自主权。

每个多元化的组织都有一个明确且有限的功能，这种高度的专注是其最大的优势，一旦组织扩散关注点，马上就会失去效果。最好的例子是美国的学校。让美国学校成为废除种族隔离的力量源泉，也许是必要的，甚至是非常需要的，然而这削弱了学校做好其首要工作的能力：不分肤色，教育好孩子。

这些新型组织不是建立在权力基础上的，而是建立在功能基础上的。然而，虽然这些组织是非政治色彩的，但每个组织还是对人们具有很大的权力影响：如雇用、安排、奖励和解雇的权力，给人安排任务的权力，设立绩效标准的权力，强化纪律的权力，确定工作时间的权力等。在发达国家，这些组织日益为人们提供生计、职业以及做出贡献、取得成就和提高生产力的机会。100年或150年前，大多数人还在农场以家庭为单位耕种几十亩田地。那时候，几乎与所有专业人士一样，大多数工匠都还是一个人或雇几个人工作，受雇用的人也都是为某个男女主人工作。一个世纪前，除了士兵、神职人员和教师等少数几个职业，其他都是很小的团体，几乎没有什么人是为组织工作的，因此也就没有什么所谓的老板。100年前，即使在工业化程度最高的国家，最大的雇工团体也都是家庭佣人。1910年，英国的家庭佣人还占整个劳动力的1/3，美国的这一比例也相差不大。大多数家庭佣人都是为中产阶级或工薪阶层家庭工作的，这样的家庭一般雇用一个佣人，至多也就两个，男女主人的经济状况通常不会比女佣或厨师好多少。

马克思说过，120年前，无产阶级也是为主人而非组织工作的。1883年，也就是马克思去世那一年，美国伟大的小说家亨利·詹姆斯（Henry James）撰写了《卡萨玛西玛公主》（The Princess Casamassima）。这一小说极为生动形象地描绘了100年前新兴的工业社会。小说刻画了一位无政府主义者，企图通过暗杀一位重要的帝国主义分子来引发革命。书中受剥削的无产阶级，一位是英雄人物，另一位是凡夫俗子，但两位都是技艺高超的工匠。其中一位为雇了8个人的装订工人打工，另一位则为雇了不到12个人的从事生产的化学家工作。在薪酬收入方面，这些资本家并没有比受剥削的无产阶级好到哪里去。

与之相反的是，今天发达国家的大多数人都在某一组织里或为某一组织工作。在发达国家，100年前最大的雇工群体几乎已经销声匿迹了。尽管在每个发达国家，今天的农业产量都是100年前的很多倍，但在许多发达国家，专门从事农业生产的人口不超过总人口的3%~5%。现在人口的重心是员工，而非工人。事实上，生产工人，亨利·詹姆斯笔下的无产阶级继承人，正在加入日趋式微的家庭佣人和农民的行列。在数量上，发达国家的生产工人萎缩到只占整个劳动力的1/6。到20世纪末，这一比例将进一步下降到1/10或以下。新的劳动力，应该称为知识型员工，而非蓝领工人，他们都将是组织的员工，而非主人的雇工。在所有发达国家，组织员工占教育程度和薪酬最高的人口比例将越来越高。

事实上，在发达社会，90%以上受过良好教育的人口将会在组织中工作终生。

何 时 开 始

这种新多元化与仅仅 100 年前任何人所能想象的几乎完全相反。从 14 世纪到 19 世纪的 500 年间，政治行动和政治思想的核心目标是废除社会中的自治型组织，把权力集中到中央政府的手中。500 年来，无论存在什么差别，君主和政府都认同这一目标，政治哲学家也是如此。这是 16 世纪"统治权"（sovereignty）一词的概念。随着对其城堡无法抵御火器进攻的封建领主和独立骑士的逐步征服，这一过程开始往前推进。法国大革命废除了教会、大学、同业公会和残余自由城市的所有特权。因此，直到法国大革命期间及其之后一段时间，这一过程才算完成。到 1850 年，只剩下了没有实质权力和意义的礼仪：伦敦市长乘着豪华的玻璃马车宣誓就职，但此时市长已没有什么实权。到 19 世纪中叶，无论是在权力受到制约的西方国家，还是一般认为权力没有受到限制的沙皇俄国，实权都已掌握在政府手里了。针对这种发展情况，英国哲学家约翰·奥斯丁（John Austin）建立了相应的理论。他认为，无论形式上是通过议会立法，还是通过法庭判例形成，法律的唯一来源是国家中央集权。既不存在所谓的自然法（natural law），也不存在什么习惯法（custom）；既没有对国家权力的限制，也没有制衡的力量。在奥斯丁去世后几年，他的理论受到 19 世纪最有影响力的法理学家亨利·梅因爵士（Sir Henry Maine）的响应。亨利·梅因也是英国人，受到了普遍好评。1861 年，他宣称，从身份到契约（from status to contract）的转变是法律的历史性进步。他的这一观点受到了广泛的认同。梅因认为，在现代社会，只有个人。要知道，在维多利亚女王时代中叶，人们可最爱引用梅因的格言了。

但就在"统治权"因此高奏凯歌之际，一个全新的权力中心正在崛起：现代企业，如美国的大型铁路公司、德国的全能银行（universal bank）等。虽然形式各异，但银行已经存在几个世纪了。然而，19世纪后期的新型企业与以前的企业是不一样的，规模上要大得多。在查尔斯·狄更斯（Charles Dickens）最流行的两本小说中，即1839年的《尼古拉斯·尼克贝》(Nicholas Nickleby) 和1848年的《董贝父子》(Dombey and Son)，企业在社会中处于非常核心的地位。不过，《董贝父子》中大银行的结局却很惨，只剩下老板、总经理（故事中的坏人）和两名职员。而在《尼古拉斯·尼克贝》中则有两家企业：一家是一位卑鄙的借贷者雇用了一名酒鬼职员；另一家则是在地中海从事贸易的卓越商人切尔以布兄弟（Brothers Cheeryble）的公司，公司形象堪称高尚，除了公司所有者——兄弟俩外，还有一位正直的职员。法国的奥诺雷·德·巴尔扎克（Honoré de Balzac）和德国的古斯塔夫·弗赖塔格（Gustav Freytag）与狄更斯同时代，他们笔下的企业也没什么不同。因此，这些新型企业引起了强烈的冲击，冲击持续了很长时间。

20世纪上半叶，美国卓越的劳工经济学家（labour economist）约翰·康芒斯（John R. Commons）把现代企业解释成完全是最高法院法官合谋的结果。但在没有最高法院和法律体系各异的国家，如德国、英国、法国、日本和苏联，现代企业也得到了同样的发展。因此，虽然明显荒谬，但康芒斯的书却享有极高的声誉，受到广泛的欢迎。德国人瓦尔特·拉特瑙（Walther Rathenau）是把现代企业当作社会组织的第一位西方作家，他本人是一家最早的大型跨国公司——德国电气公司（AEG）的领导者，却同样对这一新现象感到不自在。其日本同行涩泽荣一（Shibusawa Eiichi）也是如此。涩泽荣一是一位政治家，日本最早的银行家，一所最早的商业学校，也就是现在的一桥大学（Hitotsubashi University）的创始人。企业是第一新权力中心解释了为什么每当有人讲到组织管理时，我们还能听到"企业"这一词语；这也解释了为什么几乎100年来，讨论的焦点一直集中于与企业有关的各种关系，如企业与政府、劳工与社区等的关系；这也解释了为什么我们会首先谈到企业的社会责任，而非现代组织的社会责任。

在企业成为第一新权力中心后仅仅几年的时间里，就开始形成了第二种新型多元化组织：现代行政部门。大约在1875年或1880年，行政部门开始掌握越来越大的权力，规模也日趋庞大。新的行政部门与其前身几乎一点都不像，就如今天的花旗银行、IBM、西门子、索尼等巨型企业与狄更斯笔下的切尔以布兄弟公司那样有着天壤之别。《奥利农庄》（*Orley Farm*）是安东尼·特罗洛普（Anthony Trollope）最成功的小说之一，它极为生动形象地描绘了传统的行政部门。其中有个核心的章节刻画了当时英国最有权势的行政部门——内政部。当时英国内政部有六个人：身为议会会员和政治家的大臣、常务副大臣（permanent secretary）和四位职员。在规模上，内政部与卡列宁（Karenin）主管的部门差不多。卡列宁是列夫·托尔斯泰（Leo Tolstory）1875～1877年写的《安娜·卡列尼娜》（*Anna Karenina*）中的人物，安娜·卡列尼娜的倒霉丈夫，权势显赫的官僚。当时沙皇俄国官僚机构的臃肿已是颇为有名的了。自从现代行政部门崛起以来，新型多元化组织开始雨后春笋般涌现出来，在功能、规模、声望和权力方面都在发展壮大，如工会、中小学和大学（"二战"后得以迅速发展）、健全的医疗保健体系、福利国家的庞大体系、美国的第三部门——非营利组织等。

多元化本身并非什么新生事物。事实上，在整个人类历史上，绝大多数社会都是多元化的。但早期的多元化和现在的多元化之间存在一个重要的区别，早期的多元化基于权力，而现在的多元化则基于功能。在传统的西方多元化体系中，国王的级别高于公爵，公爵高于伯爵，伯爵高于骑士，骑士高于自耕农。每一级都对下一级行使权力，每一级都在自己的管辖范围内行使权力，但每一级的最终权力来源都是一样的：土地的控制。每一级都有相同的最终关注点：从土地中夺取生计。即使处在乡村海洋中的非农业小岛，中世纪的城市，各种多元组织也都力图构建完整的社区，行使政治控制权。无论是15世纪佛罗伦萨的织布工，还是100年后的伊丽莎白时期的伦敦金匠，他们所组成的行业公会都迫使会员住在城市的同一居民区，并让他们在那里开设店铺。他们强制规定每个会员可带的学徒和技工人数，哪个技工可以成为师傅及晋升的条件等。他们规定会员购买原材料和销售商品的价格以及支付的薪酬工资。每个公会都有自己的教堂，通常把牧师的职位留给会员的儿子。就像伯爵和骑士都力图控制领地内的法庭一样，行业公会也力图接管会员的司法管辖权。

与此相反的是，新型的社会多元化组织对政府及其统治不感兴趣。不像早期的多元化组织，它不是自成一体的，而只是社会的一个器官而已。因此，其产生的结果都在外部。企业的产品是满意的客户，医院的产品是治愈的病人，学校的产品是学生，他们在10年后将其所学用到工作中去。组织内部产生的只有成本。

因此，在某些方面，新型多元化比传统多元化更为灵活，也更不容易引起分裂。新型组织不会像传统多元化组织那样侵占政治权力，传统多元化组织，无论是中世纪的教会、封建贵族，还是自由城市，都会觊觎政治权力。新旧组织的关注点和价值观是不一样的。每个新型组织都认为自己的目的是核心的，是最终的价值，是真正重要的事情。视野狭隘是专业人士的通病，也是他们职业导向和高度关注自己业务领域的代价。传统组织，无论是伯爵、公爵、男爵，还是修道院、主教，都会不停地论资排辈，争吵不休。但他们彼此都很熟悉，没有什么人会讲沟通问题。今天的医院院长不关心他们的级别是否比公司副总裁或大学心理系主任高，但他们经常担心沟通问题。每个新型组织都说自己的语言，都有自己的知识，都有自己的职业发展梯次，最重要的是，都有自己的价值观。它们都不会觉得自己需要对社区负起整体的责任，因为那是别人的事情。但那是谁的事情呢？

个 人 地 位

个人地位同样出现了新变化，这种状况也同样不吻合政治和社会理论所认为的正常情况。19世纪有两个互相竞争的社会理论模式。其一，预测未来社会将由小型独立阶层（small independent）构成：如有40英亩土地和一头骡子的农民、小店店主和工匠等，他们都是平等的，没有显赫的权势和财富，但也不是很贫穷或互相依赖。虽然欧洲各国都有人阐述了这样的理念，但美国的托马斯·杰斐逊对其描绘得最清晰。然而，1826年杰斐逊去世时，情况已经变得很明朗，社会不会按照他的理念发展。这种幻想破灭以后，出现了一股反乌托邦的思潮。马克思主义者对此进行了最终也是最清晰的描述：社会是由大量同样贫穷、同样受剥削、同样依附于他人的无产阶级构成，他们都受到极少数资本家的剥削和统治。

现实完全不像两个理论对社会预测的那样，在20世纪五六十年代之前，甚至没有人能够想象到，未来社会是一个由知识型员工所构成的社会。知识型员工既不是剥削者，也不是被剥削者。就个人角度而言，他们不是资本家，但他们通过退休基金、互助基金和储蓄集体拥有生产资料。他们既是下属，但也经常是自己的老板。他们既是独立的，也是互相依靠的。他们有流动性，但为了取得成效，也需要组织：作为员工在组织里工作，或者作为顾问为组织服务。

新型多元化经常会超越传统的地域限制。在新型多元化组织中，企业率先突破了地域的限制。早在19世纪六七十年代，就出现了跨国企业，但其他类型的组织也迅速跟进，如同咨询企业那样，会计事务所和法律事务所等也已经跨国经营了。现在，甚至连大学都已国际化了。这一现实也是与现行的政治理论相悖的，但这些理论还在主导我们的思想、教学和法律方法。

如果历史有什么指导作用的话，我们可能需要用100年左右的时间，才能建立适合新型多元化现实的法律和政治理论，但我们无法等待哲学家来系统地解释现在已经发生的现实。政治家、法院、商人和新型组织的管理层都不能等待，他们必须采取行动。

我们已经面临的新型多元化挑战体现在五个方面：

- 多元化组织的社会责任；
- 它们的社区责任；
- 它们的政治责任；
- 个人权利和责任；
- 多元化社会的政府角色和功能。

何为社会责任

我们知道新型多元化引起的一个问题的答案，可能不是具体的答案，而是原则性的答案。我们大致知道多元化组织的主要社会责任：它们的第一社会责任是做好本身的工作；它们对其产生的影响，无论是对人和社区产生的影响，还是对社会整体产生的影响，都负有责任；无论它们的工作是照顾病人、生产产品，还是促进学习深造，如果它们超越做好本身工作所必要的影响，那么它们的行为就是不负责任的。

多元化组织的第一责任是履行其本身的特定功能，这似乎是显而易见的事情，但在今天有关组织的社会责任的讨论中，却经常会忘记这一点。因此，我们有必要反复强调这一点。无论是大学、企业、工会，还是医院，一旦有人要求这些组织履行社会责任，我们要问的第一个问题就是：这是否会损害组织的绩效能力？在社会利益大于牺牲绩效所付出的代价的情况下，我们可能容易做出决定。但如果不问这一问题，或者假装这一问题是不相关的，那么这样的决策就是危险的决策，也是不负责任的决策。当我们决定让美国的学校成为废除种族隔离的组织时，我们就是这么考虑的。但如果当时我们提出这一问题，几乎可以肯定的是，我们仍然会在学校废除种族隔离制度，因为我们必须对种族隔离和种族歧视的巨大罪行进行纠正，进行赎罪。但我们也许能够找到方法避免，或者至少能够控制其对学校教学能力方面的损害。例如，我们也许可以根据高标准和严格的纪律选择几所学校进行试点。由于我们既没有考虑种族主义方面的问题，也没有考虑学校的主要任务，因此结果只能是，我们既没有废除种族隔离制度，也没有取得良好的教学成绩。

无论是企业、大学，还是医院，每个多元化组织都会产生影响。它必须对员工进行相当程度的控制，不然就没有办法做好工作。它会对购买企业产品的客户或医院病人产生重要影响，也会对其他人产生影响。工厂在下午4:30下班会造成交通堵塞，这就会对社区的每个人产生影响。对造成的影响负责是一条最古老的法律原则。无论是过失还是疏忽造成的影响，组织都要负责。首先提出这一原则的罗马律师称其为"野兽原则"。如果狮子跑出笼子，狮子饲养者就是有责任的。无论是其粗心大意，还是故意打开笼子，抑或是地震震坏了锁链，都没有关系，狮子饲养者都是要负责任的。从本质上说，每个新型多元化组织也都要对其产生的影响负责。现在，我们听到过很多投诉，特别是在美国，如（产品服务）责任诉讼、渎职诉讼、环境诉讼等，对伤害的赔偿是很高的。这一切都是为了创造一个安全的世界。毫无疑问，许多诉讼其实都是很无聊的，而赔偿额度则高得令人震惊。但这些诉讼蕴含其中的基本假设并非世界应该没有风险，而是基于这样一个认知：新型组织的人为影响存在非常真实的新风险。因此，必须对这些风险进行保险。到目前为止，唯一的办法是让作为"野兽饲养者"的组织负起责任。

这意味着，组织有责任限制履行社会功能而产生的实际影响。一旦超越这一界限，就是不正当的，也是对权力的侵占。我们不妨来举例说明。美国法院明确区分了雇用合同中对企业似乎没有什么差异的两项条款：法院不愿意限制管理和专业人员跳槽到竞争对手那里工作的自由；同时，法院又非常严厉地禁止员工拉走原来企业的客户或把原来企业的商业机密出卖给新雇主。法院认为，限制员工的流动性远远超越企业做好工作的需要，这不是其必要的权力，因而是非法的。但挖走客户或出卖商业秘密则破坏了信任，对原来的企业造成了损害，规范这样的行为是正当的，因此是一种必要的影响。

必要和不必要影响的这一区别解释了为什么到现在为止，很少会有人非常担心大学对文凭的垄断权。在知识社会，没有文凭会影响就业、职业发展和生活。文凭垄断权的影响力要远远大于其他多元化组织的权力。因此，社会期望大学在行使这一权力时严格遵守法定程序，但大学要履行其功能，必须具有文凭授予权。相反的是，大家日益认为，工会对就业的否决权是不正当的，是滥用权力。但相对于文凭的否决权，其实际上造成的结果并没有那么严重，因为员工通常还会有其他的就业途径。为了履行其功能，工会其实并不真正需要就业的垄断权。在超越履行职能所需的影响时，大多数组织会设法证明其行为是慈善的。在排斥不受欢迎的人员时，如美国建筑行业工会的黑人，工会会认为自己是在保护会员。在强迫员工住进公司的住宅时，公司会觉得自己是慈善的家长（不过在日本，由于住房的极度短缺，这实际上是一种福利待遇）。所有组织都认为自己在维护标准、质量和资格。但除非某一影响是确实必要的，是组织功能的内在必然产物，否则这种假设就是侵占权力。即使影响是必要的，如果确实造成了损害，如对环境或健康的损害，组织也还是有责任的。

社 区 责 任

多元化组织是否应该对不属于本职工作的社区问题，如社会问题，负起责任？如果要负责，应该负多大程度的责任？20世纪60年代，纽约市长呼吁纽约的大企业关照依赖福利的未婚黑人母亲。那时的纽约濒临社会瓦解的边缘：犯罪活动猖獗，吸毒泛滥成灾，市政服务瘫痪，企业纷纷逃离。因此，迫切需要采取有效的行动措施。但除了总部在纽约的富裕大企业，大家都袖手旁观，肆意嘲笑市长，没有一家企业理会他的呼吁。

相对20世纪60年代，20年后的纽约，犯罪和吸毒甚至更加泛滥和严重，市政服务也更糟糕。然而，在20世纪80年代，纽约实际上经历了一次复兴，这是由商业区和市中心曼哈顿的建筑复兴所引起的。崭新的办公大楼群改变了城市的物质和精神面貌，然后吸引了企业和游客，恢复了经济，促进了文化的迅速发展，特别是艺术和艺术博物馆得到了很大的发展。

另外，在打击吸毒的运动中，男女童子军发挥了领导作用。在美国，有1/4的小学生是童子军。因此，他们未雨绸缪，从小学生抓起，在孩子们受到毒品的实际威胁之前，反复向他们灌输毒品的危害，远离毒品。男童军和女童军这两个组织做出了卓越的努力，终于取得了巨大的成功。

我们从中可得到的第一个教训，也许是最重要的教训是，有关社区责任的大多数讨论都没有抓住核心问题。大多数都是沿袭了20年前纽约市长的套路：要求多元化组织，特别是企业，仓促应对社区面临的社会问题。"既然企业、工会、医院和大学的规模这么庞大、力量这么雄厚、知识这么专业、能力这么强大，那么为什么它们就不能在解决贫困、愚昧和教育问题方面助一臂之力？"但社会上还有另外一群人，虽然规模上要小得多，可他们都认同美国诺贝尔经济学奖获得者米尔顿·弗里德曼的观点：多元化组织不应该涉足严格意义上的本职工作以外的活动。"企业做好本职工作就已经非常不容易了。除了专注于生产和提供客户所需要的产品服务，产生预防未来风险、进行未来投资、促进未来发展的必要利润，还要企业去承担其他的社会责任，那是不对的。"弗里德曼这样说。

这两种观点都对，也都不对。多元化组织存在于社区中，它们不能像中世纪前的欧洲本笃会修士那样，当周边的世界精神崩溃之际，却力图与世隔绝，洁身自好。但它们也不能，事实上也绝对不可以超越其狭窄的能力范围，无视其特定的本职工作职能。

20世纪早期，芝加哥的服装商朱利叶斯·罗森沃尔德（Julius Rosenwald）接管了一家处于困境中的邮购企业西尔斯·罗巴克，10年内，就发展成世界上规模最大、获利最丰厚的零售商。原因之一是，罗森沃尔德认识到，西尔斯要成功发展，需要一个健康的农业社会。但在20世纪初，美国的农民处境艰难，极端贫困，孤立无援，技术落后，受教育程度很低，对现代农业生产方法几乎一无所知。然而，经过100多年的研究和实验，已经出现了很多农业技术。于是，罗森沃尔德创建了"农场代理人"（Farm Agent）机制来推动美国农业的改革和发展。他用自己的资金来运作这一新型组织，取得了巨大的成功，10年后，美国政府接收了这一组织。到了那时候，美国农民的生产和消费能力有了大幅提升，已经能够买得起西尔斯的商品了。如果让米尔顿·弗里德曼来提建议，难道他会告诉罗森沃尔德坚守商业本分，农民的问题就让政府来解决吧？换言之，对多元化组织而言，建设健康和充满生机活力的社区的责任并非慈善事业，而是关乎其切身利益。

这样的社区责任能够发挥积极作用，但需要有严格的条件：必须适合组织的能力专长，必须符合其价值体系，必须是本职工作的扩展引申，而非业务领域的转移。从这种意义上讲，弗里德曼是对的。但在20世纪60年代，如果纽约市的企业响应市长的建议，效果却只能适得其反，反而会损害社区，因而是很不负责任的。企业之所以能够复兴纽约，是因为房地产的发展适合其价值观、愿景和能力专长，而社会工作则未必如此。

类似地，美国医院在旧城区开设诊所，虽然怀着最美好的愿望，但成效却难如人意。旧城区下层居民的基本问题是社会问题：住房拥挤、就业机会不多、缺乏知识技能和工作愿望等。这些问题是医院无能为力的。医院应该关注的是健康问题，这也是其价值的体现，而对非常贫穷的下层居民而言，健康却不是他们首先考虑的问题。即使在废除种族隔离制度方面，美国学校取得了成功，尽管成功来得太迟，也是通过精英中学（magnet school）⊖完成教学业绩才达成的。精英中学强调教育的中心地位，因此符合教师的价值观和学生的期望。在这样的学校里，白人

⊖ 也有翻译成"磁石学校"或"磁铁学校"。——译者注

教师尊重黑人学生，因为黑人学生勤奋学习；白人学生尊敬黑人教师，因为黑人教师认真教学。白人和黑人学生互相尊重，因为他们都努力完成学业。也许最重要的是，黑人学生自尊自爱，因为他们都努力完成了学业。履行社区责任的最佳也是唯一方式是使之服务于组织的主要任务。

政 治 责 任

一直以来，每个多元化社会的核心问题总是：谁来关注共同利益？如果回顾一下几百年以来的历史，我们就会发现传统答案断言：共同利益是从利益的冲突和混乱中形成的。当然，这是一种错觉。利益的冲突和混乱，最好的结果也只能是形成僵局。多元化组织需要根据共同利益构建各自的愿景、行为、价值观、兴趣和责任。它们需要承担社会责任。

我们可用几个例子来进行说明。"二战"后，日本大企业的组织任务是，在追求企业本身的商业利益的同时，把政治责任纳入其决策过程中。与此在20世纪二三十年代的态度形成鲜明对比的是，日本大企业开始学会问这样的问题："什么是对日本有利的"，而不是"什么是对企业有利的"。然后，它们又问："那么企业应该如何追求自己的利益，从而来服务共同的利益？"在国家重建时期，日本企业的出发点是政治责任。正是这一点，而非政府官僚控制，才是真正的日本秘密。在同一时期，联邦德国的情况也是类似的。在"二战"后的35年间，大银行会这样来仔细思考产业政策："德国经济和德国社会需要什么？"

然而，这是一种例外的情况，也是种短暂的情况。在两国从战败的废墟中恢复过来以后，德国和日本企业的政治责任也就不复存在了。"二战"后，某些欧洲国家的工会，如荷兰的工会，所承担的政治责任也是如此。然而，如同美国和英国的工会那样，如果组织不学会问"社区需要什么"，就会逐渐失去公众的支持。美国的医院也处于危机之中，在很大程度上，是因为它不能承担政治责任，还因为它在控制医疗的成本和质量方面的领导能力。因此，政治责任关乎多元化组织的切身利益。

个人权利和责任

在早期的多元化社会中，个人是可以牺牲的，组织不依靠个人。无论是农民还是工人，个人并没有什么谈判力。用马克思的话来说就是，他们是"产业的后备军"和产业的炮灰。然而，新型的社会多元化组织是"知识型员工"的组织，而知识型员工具有流动性。他们是平等的"同事"，他们具有社会和经济地位。他们具有谈判力，因为现在是平等社会，而他们在经济上又是必不可少的。因此，我们必须重新思考和定义知识型员工在多元化社会及其组织中的权利和责任。

个人的工作将会成为一种财产权。事实上，我们已经在这一方向上走得很远了。现在，美国的法院通常都坚持认为员工，特别是管理人员、专业人士和技术专家，即使没有明确的合同和任期规定，也有工作权利。这一权利只有在由于特定的原因并通过法定程序予以解雇时才能削弱或取消。换言之，法院认为，必须把工作当作一种财产。其实，这并非激进的观点，而是相当保守的观点。自从2000多年前罗马律师首次定义"财产"一词以来，获取生计和社会身份地位的一切手段和工具都被看作财产。

在发达社会，对大多数人而言，特别是对绝大多数受过良好教育的人而言，如果要维持生计，就需要在某个新型多元化组织中找份工作。对大多数人而言，工作也决定了其社会地位。大多数人能够获取的唯一一点资金和经济独立是其就业组织的养老基金。换言之，对大多数人而言，财产如果不是工作本身的话，就是工作所提供的收入。因此，如果要剥夺员工的工作，每个雇用组织就必须遵守规范财产的规则。要剥夺或削弱任何员工的工作，组织必须依据既定的标准，特别是绩效标准。这些标准必须对任何人一视同仁，必须公开透明。雇主必须承担责任，提供根据这些标准进行评价判断和奖励惩罚的证据。在剥夺甚或削弱员工个人的工作时，如降职、减薪或调整到身份地位较低的工作岗位上等，雇主也必须满足法定程序的要求。这就意味着需要对员工进行正式警告、适当的评价鉴定，并赋予员工上诉权等救济途径。

与此同时，与早期多元化社会中个人地位明显不同的是，个人具有自由流动的权利。即使在日本，尽管有承诺终生雇用的传统，但现在只要遵守适当的礼仪规范，知识型员工的流动性也在逐步增加。随着雇用双方谈判力的此消彼长，现在往往是雇主而非员工需要向对方做出承诺。知识型员工当然需要工作，但只有在经济长期和真正萧条的时候，知识型员工需要工作的程度，才大于雇主需要知识型员工的程度。

这是过去10～15年的恶意收购、资产剥离、合并、杠杆收购和其他财务操纵，让美国知识型员工得到的教训。大量的员工突然失去工作，其中许多已经在同一公司工作了很长时间。对他们大多数人而言，刚开始时很震惊。然而，在几个月内，他们几乎都毫无例外地找到了工作，即使是已经50多岁的人，也是如此。在很多情况下，新找的工作比原来的工作还更好些。他们发现是知识赋予了他们流动性,他们刻骨难忘这一教训。

然而,员工的权利,如工作是一种财产和流动性权利等,不得损害组织做好工作的能力。员工的权利不得损害组织放弃和收缩业务与严格执行纪律和绩效标准的能力。一个反面的例子是比利时和荷兰的就业法律。为了保护员工,法律对解雇员工予以严惩。但所有这一切的效果却适得其反,只是人为地创造了失业和经济滞胀的记录。在这样的法律制约下,为了避免聘用新员工,雇主宁愿放弃业务扩张。

然而个人究竟有何责任?到现在为止,我们甚至还没有问过这一问题。不过,既然知识型员工有很大的权利,他们也就必须承担相应的责任。其中的一个责任是个人必须做出贡献。令人悲哀的是,现在大多数人都还没有这一责任意识。知识型员工仅仅运用知识为组织服务是远远不够的,还必须运用知识为组织的共同绩效做出贡献,这就需要知识型员工朝着实现组织目标的方向努力。然而,专家的知识技能往往是更为专业狭隘的,专业知识本身并不能取得成果,必须专注于整个组织的需要和目标才能发挥作用,取得成效。长笛是贝多芬交响乐的必要组成部分,但长笛本身并不是交响乐,必须成为整个乐谱的组成部分,也就是通过和65位其他音乐家及其乐器共同演奏,才能组成交响乐。类似地,市场研究人员在企业中所做的工作、医院的X光技术人员和大学的历史学家的工作,也都只是针对共同目标,和其他人员一起投入共同任务中的"输入"而已。一个组织越是基于知识,就会越依赖于个人对整体做出贡献,对整体目标、价值观和绩效的理解,让组织中其他专业人士和知识型员工了解自己承担责任的意愿。

政府角色

相对于多元化组织，政府在多元化社会中必须扮演什么角色？这显然是个重要的问题，也许是最重要的问题。然而，我们并不知道正确的答案。引起我们困惑的一个原因是在历史上没有先例可循。新型多元化组织是非政治色彩的，除了工会，它们都蔑视政治价值观和政治程序。75年前，墨索里尼（Mussolini）时代的意大利试图建立议会的第三院（third house，院外活动集团）来代表多元化组织——企业、劳工和大学等。即使是那些不喜欢法西斯主义的人士，如美国的赫伯特·胡佛（Herbert Hoover）、萧伯纳（George Bernard Shaw）、德国和法国的社会主义者，都认为这是个极好的创意，但事实上却最终失败了。

古谚说：谁出钱谁做主。许多新型组织至少一部分是由政府和纳税人出钱供养的，行政部门则全部由政府供养，大多数国家的医疗保健、教育、大学甚至教会也都如此。即使是在美国，税收也承担了医疗保健 1/3 以上的费用及所有学校——从幼儿园到研究生院 3/4 的费用。然而，政府的预算权最多只能说是件粗劣武器，只能在某些具体方面强行推进变革。例如，政府预算能够迫使美国的医院改变某些具体的诊断治疗，来报销老年人的治疗费用；能够迫使牛津大学和剑桥大学改革任期制度。但美国医院的病人得到的治疗并没有什么改善；牛津大学和剑桥大学仍会按照自己的想法一如既往地挑选任命学者和对待学生。在经济收入方面，最依赖政府的行政部门其实是最不顺从政治指导的。

为了发挥功能作用和取得良好的绩效，这些组织确实不能政治化。它们不能有政治色彩，而必须基于自己的价值观进行管理。"教育实在太重要了，不能交给政客来管理。"每位校长都会这样说。"医疗保健实在太重要了，不能交给政客来管理。"每位医生和医院院长都会如是说。"生产实在太重要了，不能交给政客来管理。"每位商人也都会这么说。每个国家的行政部门在制定政策时也会说同样的话，从其自身的角度来说，每个组织都是对的。然而，教育、医疗保健、生产和政策制定却是最重要的政治事务。每个政府都是经人民授权来负责管理这些组织的绩效的，但现实是，政府有责任，却没有很大的权力。那么，在这种情况下，政府能够或应该做些什么？

我们知道政府能够进行制约，特别是在组织傲慢自大的时候。20世纪30年代，罗斯福对美国企业就是这么做的；20世纪80年代，玛格丽特·撒切尔对英国工会和英国古老的大学也是这么做的。也许多元化社会未来最重要的任务是设立标准。一个国家和人民的幸福日益依赖于这些强有力的新型自治组织的价值观和绩效。在这样的情况下，一个国家应该和能够对其抱有什么样的期望呢？

少数人的专制

多元化社会组织专注于单一任务，而新型多元化政治团体则关注单一目标：也许是拯救野花或阻止堕胎，也许是防止立法限制枪支（美国步枪协会的目标），也许是制止削减法国布列塔尼农民和美国烟农的津贴，也许是在日本阻止超市之类的现代零售商等。至于目标是否受人欢迎并不重要。单一目标团体通常是规模很小的团体，其力量来源于少数人，其优势则在于单一而非多元目标。它的任务几乎从来都不是去做什么事情，而是去阻止、防止和限制固化某些事情。这就是在政治活动过程中日趋主导的新型"群众运动"。

从一开始，西格蒙德·弗洛伊德（Sigmund Freud）就充满争议。很多人对他持批评意见，但只有一个人抨击他选择了错误的问题。1981年，埃利亚斯·卡内蒂（Elias Canetti）获得了诺贝尔文学奖，名声显赫。而在大约60年前，当时他还很年轻，默默无闻，但他对弗洛伊德专注于情绪失常（emotional disorder）⊖进行了尖锐的批评。卡内蒂认为，20世纪的心理学核心问题不是个人问题，而是政治组织日趋恶化的新疾病：群众运动。研究群众心理动力学的人都不能解释其行为，也不能治愈疾病。卡内蒂预测，在20世纪剩余的时间里，群众运动将起主导作用。他批评弗洛伊德试图医治他觉得自己能够治愈的疾病，这当然是有失公平的，但卡内蒂也有一定的道理。群众运动已经成了20世纪的主要政治现象，这是一种全新的情况。

其实大多数人并不理解卡内蒂的意思。他们一听到"群众"这一词语，就会想到从四面八方涌来的大量人群。这些人漫无目的，没有领导，也没有献身精神。但现代政治中的"群众"有点类似于核物理学中的"临界质量"（critical mass），它是引起巨变，也就是物理学家所称的状态改变的最小质量。换个比方，现代政治中的"群众"有点类似于压垮身体的块状癌（massive cancer），尽管重量可能只有一磅。

现代政治中群众运动的人数其实很少：一般不到选民人数的5%，最多也就10%而已。他们之所以在现代政治中占主导地位，是因为经过精心组织、积极主动、专心致志和全身心投入单一目标中。而传统的政治

⊖ 也有翻译成情绪障碍、情绪失调等。——译者注

组织则与之相反，虽然规模庞大，但是缺乏组织、消极被动、四分五裂和漫无目的。群众运动把自己的政治目标置于绝对优先的位置，而我们其余的人，则最多也只是把政治和公共事务看作有趣的事情，很少会把它当成一件主要任务。在发达国家，这种形式上表现为单一目标的压力团体的群众运动，逐步瘫痪和压制了政治生活。

卡内蒂是在希特勒政治上崛起之际发表上述意见的，但还在德国中小学读书时，他就已认识到了群众运动。当时，他观察到了规模很小但高度组织化的半军事化团体力图攫取权力，如1923年的纳粹分子。尽管它最终失败了，但在卡内蒂撰述前述观点时，其他类似的群众运动，虽然规模很小，但经过全面组织、目标单一的帮派团体已经取得了成功，如列宁领导的"十月革命"等。

群众运动不是列宁发明的，甚至也不是欧洲人首创的，而是"美国制造"的，其发明者是美国最早的两位新闻出版业巨头约瑟夫·普利策（Joseph Pulitzer）和威廉·伦道夫·赫斯特（William Randolph Hearst）。他们率先看到了可以利用或滥用大量发行的出版物，来创建规模很小但影响很大和纪律严明的压力团体。1898年，正是这两位出版商把美国推向了与西班牙的战争。美国的政治人物和大多数民众几乎都反对这场战争，但普利策和赫斯特目标单一明确，通过组织读者推动了美国与西班牙的战争。他们鼓动读者，无论其他立场如何，只要候选人赞成发动美国与西班牙的战争，就予以投票支持。但持这种观点的人只占选民人数的5%～8%。不过，普利策和赫斯特动员的这5%～8%的选票，却足以击败态度含糊的候选人，更不要说反对战争的候选人了，从而使支持战争的候选人成功当选。

对 19 世纪 90 年代欧洲的"进步人士"而言，西班牙是不合时宜的落伍者、反动派和敌人，他们欢呼美国与西班牙的战争是一场左派的伟大胜利。当时的欧洲左派迫切需要一场胜利。他们刚刚认识到，要获取大众的支持，必须放弃乌托邦式的做法。因此，欧洲左派激进主义领袖抓住了普利策和赫斯特的发明，发动了由革命的真正信仰者组成的单一目标的类似小型群众运动。

法国人乔治斯·索雷尔（Georges Sorel）在 1905 年前后，开始宣传通过一群规模很小但纪律非常严明的无产阶级号召的总罢工（general strike），推翻资产阶级和消灭资本主义。在 20 世纪 20 年代，实际上有三次总罢工革命：第一次发生在 1921 年的意大利；第二次发生在 1923 年的英国；第三次发生在 1926 年的日本。英国的罢工失败了，而意大利和日本的罢工则颠覆了既有的秩序。但胜利者并非无产阶级，而是意大利的墨索里尼法西斯分子和日本军队的军事法西斯分子。

在美国，很快也有人理解了普利策和赫斯特发明的群众运动的重要性。理解的人并不是革命的左派，而是禁酒运动者。美国的禁酒主义分子已经努力了几十年，但都没有得到大多数人对禁酒或至少控制酒精饮料方面的支持。在普利策和赫斯特发明了群众运动以后，他们改变了策略，组织了纪律严明的小型团体。他们根据对禁酒运动的立场来支持或反对政治候选人，从而通过政治候选人的当选获取权力。在 20 世纪的头 20 年，禁酒可能实际上已经失去了大众的普遍支持，其最受欢迎的时期可能是在 1870～1880 年。但通过采用群众运动的策略，禁酒主义者迫使美国国会在 1918～1920 年采取了禁酒措施。

从此以后，效仿禁酒运动的单一目标型压力团体主导了政治，特别是在美国。他们也许是关注环境的；他们也许是反对或赞成堕胎的激进分子；他们也许把美国的使命定义为向北加利福尼亚的数千烟农提供高额津贴。无论他们追求的是哪种单一目标，单一目标型群众运动采取的策略总是相同的。他们不知道妥协，认为自己的单一目标是绝对正义的，他们无意取得大多数人的支持甚或跟随。不然，他们也许不得不进行妥协，但即使流露出最轻微程度的妥协意愿也会损害他们的力量。单一目标型群众运动不拿选票做交易，单一目标型压力团体并不在意其目标是否受到非常普遍的支持，而政治人物和新闻记者都不知道这一规则。即使民意调查显示，大多数美国人赞成对枪支进行控制，或者大多数美国人不支持对烟农提供津贴，但这对他们并没有什么意义。答应支持他们目标的候选人可以得到他们的选票，而不答应或闪烁其词的候选人则得不到他们的选票，至于其他什么则都不重要。

一个能够控制3%～5%选票的单一目标型少数人组织，一般都不能提供成功当选的差额优势。虽然它的反对通常都能确保击败对手，但它一般都不是正面行动的力量，而只是阻止了自己不赞成的行动。不像极权主义者，单一目标团体并不追求权力，甚至不将自己视为政治团体，而是道义团体。极权主义者是捕食动物，而新型群众运动则是寄生虫。极权主义者杀戮对手，而单一目标的压力团体则是瘫痪对手。

美国的新型群众运动是最引人注目的，也是最有力量的。但欧洲已经受此影响，在德国和北欧出现了绿色组织。英国左派激进分子的人数只占选民的几个百分点，但他们单一目标的立场，特别是有关核裁军方面的立场，到目前为止已经使英国工党瘫痪了好几年，并使之在一届又一届的选举中败北。勒庞领导的国民阵线的单一目标是驱逐移民和外国人，这已经成功地瘫痪了法国中间党派，并可能同样成功地瘫痪法国左派。这些少数派都采取同样的策略：少数纪律严明的"群众"积极投身于绝对正义的单一目标。

单一目标的特殊利益团体在日本的势力非常强大，甚至超过美国的同类群体。美国北加利福尼亚烟农对美国政治具有强大的影响力，得到政府高额津贴的稻农对日本政治也同样具有极大的左右能力。我们有充分的理由相信，在其他国家，同样有很多这样的团体也具有这样强大的势力。

因为这些新型群众运动，政治过程的决策权正在从政治人物和行政人员迅速转移到游说集团手中。在罗斯福时代的美国，大城市的政治领袖提供整合力量，西欧议会民主国家当地或地区的政治人物和日本政治派系的头面人物也是如此。在所有发达国家，行政部门既是支持也是制衡政治人物的力量。然而，政策制定日益受到特殊利益团体的控制，而这些团体既没有政治权力基础，也没有政治计划，事实上，它们没有取得任何政治授权。因此，政治受到幕后操纵将愈演愈烈，受到威胁和贿赂的影响日趋增加。结果是，政治决策和行动必然日趋迟缓，只有在出现危机、紧急情况和巨大灾难的情况下，才得以解决这一问题。只有在这种威胁下，单一目标的特殊利益团体才会失去否决权。

没有人知道如何解决单一利益多元化的政治问题，但我们有办法缓解问题。其中一个对策是改革税赋体系，取消各种税赋豁免、减税和延期纳税。对所有超过最低水平的收入一视同仁，每个人都按照完全一样的税率纳税。例如，可按照三个档次的税率纳税：收入最低的25%免税；收入居中的50%按15%的税率纳税；收入最高的25%按25%的税率纳税。并非所有的单一目标特殊利益团体都会关注税赋优惠，但有很多还是非常关注的。统一税率的赋税体系本身是很有吸引力的，会比现行的复杂体系产生更多的税收，更容易推行，推行成本也更低，而现行的体系是有很多漏洞和特殊倾向的。在美国，这一措施会非常有效。

削减单一目标特殊利益团体权力的另一种方法是改革选举政治献金制度。严格禁止各种形式和来源的选举献金，这样就能够把选举费用控制在很低的水平。在选举后，无论是否当选，候选人或政党可按照实际得到的选票报销选举费用。经常会有人提出这样的改革建议，但到目前为止，政治人物仍对此兴趣索然。其实，这一措施会对美国、日本和德国产生巨大影响。

即使推行这样的改革，也只能缓和少数派极端专制的程度而已。少数派专制严重影响了政治体制，瘫痪了政治过程。这一疾病能否得以根治？也许只有在我们能用新的政治整合力量来取代对社会拯救，以及通过经济状态进行整合的信念时，这一疾病才能得以根治。因此，找到和发展这种整合力量，是对政治领导能力的主要要求之一。

CHAPTER 8 | 第 8 章

警惕魅力：对政治领导力的新要求

在校订本章时，乔治·布什正在华盛顿宣誓就任美国总统。不过，他成功当选的这场竞选活动其实非常平淡乏味，简直令人难以忍受。但如果回顾一下就会发现，美国以前的竞选活动也不乏这样的先例。而1988年美国总统选举活动的独特之处在于其难以言喻的乏味：如果要讨论任何重大问题，就会在两党最忠诚、最积极和最热情的支持者内部制造矛盾对立。民主党候选人如果提出重大议题，就会失去自由派和改革者的支持，共和党候选人也同样会失去保守人士的支持，因此，共和、民主两党的候选人都无法提出不会造成内部分裂的施政纲领。

政治领导者平淡乏味，避免重大问题和施政纲领，尽量不做出任何承诺，这样的情形并非美国独有。英国首相玛格丽特·撒切尔，堪称当今西方世界最资深和最成功的政治领袖，她也没有提出什么施政纲领。在10年的任期内，她只专心做好三件事情：打破工会的钳制；对产业、住房和教育进行私有化；确保密切参与欧洲经济共同体不会影响英美之间的特殊关系。对于其他事务，她都非常现实，随机应变，不做任何承诺。

自1981年以来，弗朗西斯·密特朗就一直担任法国总统。当初就任时，他提出了一个雄心勃勃的计划方案：缔造社会主义梦想的法兰西。但在5个月内，就像我们在前面已经提到过的那样，他就不得不放弃了梦想。从此以后，他就只有两项政策：保持执政；把支持者安插到政府和企业的关键职位上。

另一位政治现存者是联邦德国总理赫尔穆特·科尔博士（Dr Helmut Kohl）。他既没有什么政策，也没有什么施政纲领，对问题只是采取现实主义态度，见招拆招而已。如果未来德国选举中社会民主党人士取代科尔博士，几乎可以肯定的是，也只会是形式上的改变，不会有什么实质性的不同。

日本也一样。20年前，日本有位首相上台时提出了一个极为雄心勃勃的计划方案：10年内将日本的国民生产总值翻一番。但现任首相竹下登（Noboru Takeshita）当选，就像一位消息灵通的日本朋友所指出的那样："是因为早年在政府部门工作时刻意低调，从不表态，也从不惹是生非。"

美国媒体把1988年总统选举活动的平淡乏味归结为竞选者的个性特征，特别是他们缺乏个性魅力，但普遍现象不能归结为局部的原因或特定的个性。这是普遍现象，应该有其一般性的原因。1988年美国总统候选人的竞选活动之所以平淡乏味，没有重大议题，没有政治纲领，没有承诺，恰恰是因为传统的所谓重大议题、政治纲领或承诺已经不适合政治现实了。传统的联盟也同样如此，但现在又没有其他东西可以取代传统的政策、承诺和联盟，这就迫使政治和政治人物变得平淡乏味，只能采取现实主义的方式，任务导向而非问题导向。其中最重要的是，他们关注的是什么不会赶走潜在的选民，而不是什么会吸引选民。媒体、知识分子和政治评论员需要的是传统政治，因为传统政治激动人心，有尖锐的矛盾对立，可以做出是非明确的选择，因此，能更好地理解这一点的政治人物就能当选。但他们也知道[就像维多利亚时代中期安东尼·特罗洛普（Anthony Trollope）小说中的一位首相所讲的那样]："政府必须运作下去。"因此，重要的是能力，把事情做好，不惹是生非；重要的是明确的任务和相应的解决方案。

公众不相信传统的政治领导者。在这一点上，公众是对的。传统的政治领袖只会蛊惑人心，不能兑现承诺，法国的密特朗就差点因此而失败。传统的政策和纲领、传统的联盟、传统的立场理念都不能兑现。现在已经再也没有政治革命、新政、公平施政或新社会之类的立足之地，甚至不能再将其用作竞选活动的口号了。社会拯救或根据利益集团进行政治权力的组织已经不可行，也不适合选民了。他们已经无助于领导能力了，其结果只能是导致错误的领导。

在新政治现实下，政治座右铭只能是"警惕魅力"！不过，魅力是现在很热门的话题，有很多人在谈论魅力，有很多论述魅力型领导者的书籍。有些人怀念富有魅力和激动人心的政治年代，但渴望魅力是政治上的致命愿望（death wish）。20世纪的魅力型领袖可谓空前之多，但那些极具魅力的政治领袖造成的巨大破坏在历史上也是空前的。重要的不是魅力，而是领导者的正确或错误领导。在目前的情况下，魅力型领导只能是误导，他们只能把人民带回到过去的时代，而不是带向新的现实。

就像20世纪所展示的那样，魅力型领导者总是令人感到危险和不靠谱。例如，克努特国王（King Canute）无法驾驭潮流，现实超越了他的控制能力。当他发现现实才是真正的主宰时，这位魅力型领导者变成了偏执狂。在 1813 年和 1814 年被打败后，拿破仑的神志就不正常了。他拒绝了可让他在传统法国疆域内当皇帝的六个建议，坚持继续做欧洲的主人。然而，现实才是真正的主人，现实不会臣服于魅力型领导者的承诺、计划方案和意识形态。

魅力会产生傲慢自大。美国最具魅力的军事领导者当属道格拉斯·麦克阿瑟将军。他可能也是最能干的将军，然而魅力最终让他变得极为傲慢自大，既对美国三军总司令杜鲁门总统的命令置之不理，也对中国将在朝鲜进行反击的警告置若罔闻，最后铸成了灾难性的后果：完全没有必要的军事失败。

没有施政纲领的魅力一般都是没有什么效果的，但今天的政治现实就是没有施政纲领。在美国，魅力型领导的崇拜者总会提到约翰·肯尼迪。但肯尼迪政府实际取得了什么成果？在国内，政治上毫无建树；在国际上，在柏林墙问题上屈服，入侵古巴却在猪湾遭到惨败，这导致了苏联军事介入古巴，从而将世界带到了第三次世界大战的边缘。无论是否具有政治价值，魅力都不是我们所需要的。能干的领导者往往不引人注目、平淡无奇甚至索然无味，不做承诺，不惹是生非，而这才是更可取的。

20 世纪的建设性成就都是完全没有魅力的人士所取得的。在"二战"中，领导盟军取得胜利的两位军事人物都是美国人：德怀特·艾森豪威尔（Dwight Eisenhower）和乔治·马歇尔（George Marshall）。两人都严守纪律、非常能干，但也都极为平淡乏味。西方世界能够从希特勒和

"二战"的废墟中迅速恢复，主要应归功于两个人：战后德国第一任总理康拉德·阿登纳（Konrad Adenauer）和战后美国第一任总统哈里·杜鲁门（Harry Truman）。在纳粹恐怖统治彻底失败后的12年内，阿登纳恢复了德国社会。在纳粹统治结束后，他带领受到排斥的德国融入新欧洲。然而，阿登纳是个抑郁、呆板和迂腐的官僚，是个十足的组织人。在希特勒垮台后，他试图重新担任纳粹统治前曾担任过的科隆市长，但英国人一脚把他踢开了，认为他没有什么政治能力。如果好莱坞请他当演员，最适合他的角色就是高级会计师。他没有魅力，但具有远见卓识，极为虔诚，忠于职守，虚怀纳谏，并且非常勤奋。

在魅力方面，"意外总统"哈里·杜鲁门甚至比阿登纳还稍逊一筹。好莱坞分派给他的最合适角色是男士服装店的经理。事实上，他确实做过这份工作。服装店破产后，他得到了一份政治任命的低级工作。⊖然而，杜鲁门从濒临崩溃的边缘挽救了战后的欧洲，使之没有陷入混乱和绝望的状态。他同样也是非常正派严肃的，极具责任感，忠于职守，虚怀纳谏，并且非常勤奋。

然而，我们面前还有很多极为艰巨的政治任务。我们迫切需要扭转军备竞赛的态势，从反生产力的军备开支的负担中解放出来。我们面临日趋严重的环境污染，没有一个国家能因此获益，我们最终都会深受其害，因此拯救环境是我们共同的利益。随着苏联的解体，我们将面临极为严峻的外交政策决策和困难。我们需要仔细考虑多元化社会及建立在单一目标特殊利益团体基础上的政体中政府的能力和局限。我们需要考

⊖ 在堪萨斯城民主党政治集团首脑汤姆·彭德格斯特的帮助下，杜鲁门于1922年当选为密苏里州杰克逊县法院的法官。——译者注

虑新型主体，即后商业社会的知识型员工的政治领导力问题。

在这些新任务中，敌人并非别人，而正是我们自己。传统的政治口号、传统的政治选民、传统的政治学都不能解决这些问题。然而，有几个令人鼓舞的先例，其所采用的方法，在25年前还是令人难以想象的，现在则已取得了成效。仅仅在10年前，污染几乎毁灭了地中海。地中海沿岸的三个工业化国家——西班牙、法国和意大利——通过采取联合行动，成功地遏制了污染。然后是里根总统的成功，甚至完全出乎他本人的意料。他成功地利用了共和党中的鹰派，利用他们大幅提升美国军事力量的强烈愿望，第一次真正达成削减世界军备武器的条约，这就是1988年与苏联签署的《苏联和美国消除两国中程和中短程导弹条约》（简称《中导条约》）。也许最值得乐观的因素是知识型员工这一新型主体的形成，这将会使传统政治变得毫无意义，但真正能够胜任工作的能力则至关重要。

新的政治任务都是非意识形态的，它们也不是利益问题，大多数甚至不是民族问题。几乎都不能当作对立的问题来加以解决，因此，也就几乎都不能把它们当作传统的政治问题来进行应对。我们所面对的大多数决策都是方法策略问题。军备竞赛对我们所有人都会造成威胁，但很少有人对此持怀疑态度，也不会有很多人怀疑延缓和控制环境污染的必要性。单一目标的特殊利益团体造成了政治污染，同样也不会有很多人怀疑对其进行限制的必要性。传统政治主要是目标上的差异，而新现实下的政治目标一般都是统一的。因此，问题就会是：实现目标的策略是什么？

传统政治领导力是围绕问题，也就是围绕对目标的不同意见而构建的。逐渐地，我们将在目标一致的基础上构建政治领导力的任务，事实上是动员目标一致的所有力量，而这也许是削弱少数派瘫痪力量的唯一方法。现在我们周边的领导者，如撒切尔夫人、密特朗、科尔和竹下登之类，还有那些经验老到、发奋工作的专家，他们可能既不是偶然出现的现象，也不会行将消失于历史的天空中。我们需要严肃的承诺，专注于一两个需要优先解决的问题，非常努力地工作，同时还需要能够胜任工作。

但有了这些是否就足够了？1986 年，在与戈尔巴乔夫举行第一次军备裁减会议时，里根总统宣布，他的目标是在 2000 年前销毁所有核武器。结果遭到了普遍的讽刺和嘲笑，于是他马上改变了主意。问题是，他是否应该坚持自己的愿景目标？我们不需要魅力或计划方案，但我们确实需要明确的目标，我们确实需要远见卓识。

3

第三部分

经济、生态和经济学

THE NEW REALITIES

第 9 章
跨国经济与跨国生态

第 10 章
经济发展的悖论

第 11 章
十字路口的经济学

第9章 | CHAPTER 9

跨国经济与跨国生态

现在，大家都在谈论世界经济。这确实是个新现实。但世界经济与大多数人，包括商人、经济学家和政治家所谈论的其实有很大的不同。下面列举了世界经济的一些主要特征、主要挑战和主要机会。

- 在20世纪70年代早期或中期，成立了石油输出国组织（OPEC），尼克松总统决定让美元汇率浮动，于是世界经济从国际经济向跨国经济转变。跨国经济占据了主导地位，并在很大程度上控制了各民族国家的国内经济。
- 跨国经济主要是由资金流动而非商品和服务的贸易所形成。这种资金流动有自身的动态特征。主权国家政府的货币和财政政策日益对跨国货币和资本市场的活动做出被动反应，而非进行积极干预。
- 在跨国经济中，土地和劳动力等传统的生产要素已越来越不重要了。因为资金已经跨国流通，很容易获取，因此，资金不再能给一个国家在世界市场上带来竞争优势。外汇汇率只能在短期发挥作用。管理已开始成为决定性的生产要素。竞争状况取决于管理能力。

- 在跨国经济中，需要确立的目标不再是"利润最大化"，而是"市场最大化"。贸易日益从属于投资，事实上，贸易正在成为投资的一项功能。

- 经济理论仍然假设，主权民族国家是能够制定和执行有效经济政策的唯一或至少是起主导作用的单位。但在跨国经济中，实际上有四个这样的单位。它们是数学家所谓的"部分因变量"（partially dependent variable），互相联系，互相依赖，但不互相控制。民族国家是其中的一个单位。单个国家，特别是主要的发达国家，当然很重要，但决策权日益转移到第二个单位：地区，如欧洲经济共同体、北美，可能还有未来以日本为中心的远东地区等。第三单位是几乎完全自成一体的世界经济，货币、信贷和投资能够在其中自由流通，它是由不分国界的信息组建的。最后一个是跨国企业，不一定是大型企业，把整个发达世界视为一个市场，其实是视为一个场所，以用来生产和销售产品与服务。

- 经济政策日趋既非自由贸易，也非保护主义，而是地区之间的互惠互利。

- 跨国生态甚至是更为新颖的。与货币或信息一样，环境也不分国界了。我们已经不能通过单个国家的行动或法律来满足重要的环境需要，如大气和世界森林的保护等。我们不能将其作为对立的问题加以处理，而应该共同制定跨国政策，并进行跨国贯彻落实。
- 最后，虽然跨国的世界经济已是个现实，但还缺乏必要的组织机制，其中最需要的是跨国法律。

美 国 经 验

由于美国仍然主导世界经济，其经济规模是日本的两倍多，因此在过去20年中，美国的经验极好地揭示了经济新现实的变迁。大家都"知道"，在20世纪80年代中早期，美国制造业面临崩溃的边缘。然而，就像历史上经常发生的那样，大家所"知道"的其实都是错的，实际情况要比我们想象的复杂得多。在这一时期，估值过高的美元确实为工业进口创造了巨大的美国市场，但美国工业出口并没有崩溃：在这一时期，除了一年没有增长，其余每年都在增长。在美元估值过高后的一年半，也即1985年秋季，情况就得到了纠正，美国制造业出口开始止跌回升。而当时，即使是传统上美国产品的最佳市场，即拉丁美洲，仍深陷危机之中，并没有多大的购买力。

而且，20世纪80年代在美国陷入困境中的这些相同的行业，即汽车、钢铁和消费电子产品行业，很快就发现，在西欧也同样面临类似的问题。在20世纪80年代末，尽管欧洲实施了高度保护政策，日本和韩国的进口产品对其造成的压力仍比美国要大。除了日本之外，飞利浦是全世界最大的消费电子产品生产商，在与日本和韩国企业的竞争中，飞利浦美国子公司的表现非常出色。而飞利浦在欧洲的母公司，尽管在荷兰、德国、英国、法国、奥地利、意大利和西班牙都设有工厂，但在远东竞争对手的凌厉攻势下，它惊慌失措，受到了巨大的冲击。例如，韩国进口产品把大部分飞利浦产品挤出了英国的商场。然而，尽管受到了日本企业的竞争，福特公司在美国市场的份额仍保持稳步增长。不过，如果意大利和法国向日本开放各自的进口市场，菲亚特和雷诺与丰田和本田的竞争就不会那么轻松了。因此，传统制造业在世界范围内发生的巨变不应完全归咎于美国的因素或事件。

20 世纪 80 年代，美国的制造业也保持了其在世界市场的全部份额，甚至还保持了增长态势。在 1980 年和 1988 年，美国企业和使用美国品牌的产品都占了世界制造业产品销售额的 20%。保持这一份额的绝对值意味着美国生产和销售的迅速增长，因为在这一时期，世界制造业产品的总销售额增长了一半以上。在此期间，美国制造企业极大地加强了对使用其品牌名称的海外销售产品及其收入的控制。20 世纪 80 年代初，在日本销售的大多数美国品牌产品是由日方控股的合资企业生产的，当时的日本是世界第二大市场，也是绝大多数美国品牌产品的第二大市场。到了 20 世纪 80 年代末，这些合资企业中的全部或大部分由美方控股了，因为美方用升值的美元买断了日方的股权。

概而言之，20 世纪 80 年代美国的巨额贸易逆差不是由"制造业崩溃"引起的，而是由世界范围内的商品价格和商品出口崩溃引发的。自 1981 年以来，世界市场的农产品和工业原材料价格开始崩溃，两者的购买价也开始崩溃。20 世纪 80 年代，根据制造业产品价格进行衡量的原材料价格降到了历史最低水平，甚至比 20 世纪 30 年代大萧条期间还低。到了 20 世纪 80 年代末，只剩下两个主要的粮食市场：日本和苏联。即使是多个世纪以来饱受饥荒折磨的印度也成了农产品的出口国，而中国则在粮食方面已经能够自给自足。

历史上，在农产品和原材料方面，美国都是世界最大的出口国。事实上，除了加拿大，美国是通过原材料而不是制造业产品出口融入世界经济的唯一主要发达国家。如果美国原材料出口的价格和数量都能够维持在 1978 年的相对水平，那么 20 世纪 80 年代的美国贸易逆差会比现在整整降低 1/3。另外 1/3 则是由长期的原材料价格下降，对美国制造业产品的传统客户——拉丁美洲的原材料生产国家产生的影响造成的。20 世纪 80 年代美国贸易逆差的其余部分主要是由急剧增加的石油进口而非制造业生产不足所造成。

根据美国农业的生产力和竞争能力，1 美元兑换 250 日元并没有高估美元的价值，甚至可能还低估了。造成美元价值高估的原因，是世界市场原材料和粮食价格的急剧下降，而非美国制造业发生的情况。

1985 年秋季，美元开始对日元汇率下调后所发生的情况，与大家"知道"将会发生的情况并不一致。

市场普遍预期日元对美元的汇率是 225 或 210，但没有对汇率进行微调，美元就开始直线下跌：在 15 个月内，美元对日元贬值了一半。原材料价格通常会率先对汇率波动做出反应，但这一次却一点反应都没有。实际上，美元价格在持续下跌。因此，就像美国的生活成本保持不变甚至略有下降一样，美国的物价和工资根本就没有什么提高。这意味着，除了美国，所有其他国家的粮食和原材料的成本有了急剧下降。例如，到了 1988 年秋季，日本人实际用日元支付的粮食和原材料价格不超过 3 年前的 1/3，这主要是因为美元下跌了 50%，其次是因为粮食和原材料的美元价格仍在大幅下跌。然而，尽管价格低廉，美国农产品和工业原材料的出口并没有增加，巴西等其他国家的食品和原材料的出口也没有增加。

按照所有的理论和经验，货币的急剧贬值必定会大幅提高一个国家的出口额度，同时大幅降低这一国家的进口额度。在美元贬值一年半后，美国的出口额度确实增加了，而且是急剧增加。到了1988年年末，美国制造业产品出口的增加使贸易逆差缩小了1/3。我们可以认为，这首先是由之前美元价值的高估引起的。但美国的工业进口，按照所有的理论和以前所有的经验，应该几乎消失殆尽，而实际上却仍然保持上升态势！

货币和投资的流通情况也是史无前例的。美国是金融史上第一个按照自己的货币结算外债的债务大国。在与美国的贸易中，日本和联邦德国保持最大的贸易顺差。美国把美元对这两个主要债权国的货币汇率贬值了50%，从而把它们大量持有的美元价值削减了一半。然而，它们和美国的其他所有债权国仍然通过大量购买美国国债，把资金投入美国，支持美国政府的赤字。

最后，美国的债权人，先是英国人和加拿大人，然后是德国人，最后是日本人，通过购买因美元贬值而变得便宜的美国企业和房地产，开始把他们持有的美元债权转换成投资。这当然是经济理论可以预测的行为，事实上也是不得不采取的措施。当然，他们的投资，特别是日本人的投资，得到了极为广泛的宣传报道。但没有人注意到，在这一时期，美国企业在国外的投资远比外国人在美国的投资要多，这可能主要是因为其与经济理论认为的理性行为完全背道而驰。例如，1987年，以英国人为首的外国人在美国企业和房地产中投入了大约350亿美元。而在同一年，美国企业在其国外的下属企业和分支机构，特别是在欧洲共同体市场，则至少投资了 500 亿美元。结果是，截至 1987 年年末，美国在国外企业的累计投资达到 3100 亿美元左右，远远大于在美国的外国直接投资。按照经济理论，如果美国人的行为是理性的，为了利润最大化，他们应该卖掉 500 亿美元的外国投资。但他们为了市场份额的最大化，而牺牲了短期的利润，这正如外国人（日本人、德国人和英国人）一直在做的那样，即使获取的美元价值比本国货币低很多，他们还是维持甚至增加对美国的销售额度。

美国经验的教训

美国经验的第一个教训是原材料经济和工业经济已经不再相关了。对发达国家而言，原材料经济已经变得不重要了。

在商业周期理论中，有个得到证明的结论：粮食和原材料价格的长期大幅度下跌，在 18 个月内必然发生工业经济的长期严重的危机。在 18 世纪和 19 世纪，这是对的；在 1907 年和 1921 年的经济衰退中以及 1929 年的大萧条中，这也还是能够成立的。但到了 1989 年，世界范围内的原材料经济已经经历了几乎长达 10 年的最严重和持续时间最长的衰退。然而，工业经济却一直在迅速发展。

还有个已经得到很好证明的类似理论：原材料价格会对汇率的波动立即做出反应。当美元的国际价值下降时，原材料的美元价格应会上升一个相应的百分比，而不是持续下跌。一个解释是，因农业生产的巨大发展，引起世界范围的农产品剩余，特别是在发达国家。与此同时，所有发达国家的农业人口已经萎缩到几乎不具有统计的显著性。农业收入和购买力大幅下跌，如在1984~1987年，美国一些地区农业收入下降了2/3，但对国家收入、国家购买力和消费者购买力却几乎没有什么影响。

同样重要的是，材料密集型产品在经济中所占比重越来越小。在20世纪20年代，典型的工业产品，如汽车，其原材料和能源大约占总成本的60%；在20世纪80年代，典型的工业产品，如半导体微型芯片，其原材料和能源占总成本的比例不到2%。铜线的原材料和能源成本接近80%，而玻璃纤维的原材料和能源成本仅占10%，因此在电话线中铜线很快就被玻璃纤维取代了。在1965~1985年，日本的工业生产增加了2.5倍，但原材料和能源的消耗却几乎没有什么增加。日本在1985年生产的产品，其包含的原材料和能源成本不到20年前的一半。而最新的"能源"——信息，则根本就没有任何原材料和能源成本，是完全知识密集型的。

制造业中的劳动力因素越来越不重要。20世纪80年代，制造业产量稳步增加，但制造业雇用的劳动力则稳步下降。生产相同数量的产品，1988年所使用的蓝领劳工的工时数不超过1973年的2/5。

传统的生产要素，如土地、劳动力、资金，不再是竞争和竞争优势的决定因素，而投资也逐步取代贸易，成为世界经济的驱动力。过去是贸易驱动投资，而现在则是投资驱动贸易。接近或"充分感受"市场成了决定因素，而这就需要立足市场，进入市场，并占领市场份额。换言之，需要投资生产。因此，销售就成了市场投资的回报。如果不保持市场投资，就不会有销售。如果市场成长或发生变化，而投资仍然维持不变，那么也不会产生销售。

这就解释了，即使按照日元和马克来结算，美元损失了一半的价值，为什么日本人和联邦德国人仍然选择在美国市场上维持他们产品的美元价格。这也解释了，在欧洲货币对日元的汇率并没有下滑的情况下，即使成本很高，为什么日本人仍然在欧洲设立工厂。这还解释了，为什么美国企业用其国外下属企业的利润进行再投资，而非立即提取大量利润。他们都在争取市场份额最大化。

20世纪80年代美国经验的另一个教训是，企业已经从多国经营转向跨国经营。

受到国外进口影响最大的行业，在美元价值高估的这些年，是其国外下属企业的利润拯救了美国的许多大型企业，如福特汽车公司等。更为重要的是，福特随后在美国市场扭转了局面，得以恢复，依靠的是其在欧洲开发的产品和生产流程及其在日本的子公司马自达。与此相反的是，日本汽车制造商本田公司则力图通过把在美国生产的汽车运回日本，争取日本汽车市场的领导地位，而现在只是位居第四，还远远落在后面。

传统的多国企业是19世纪中叶美国和德国实业家发明的，由母公司和国外子公司组成。母公司为国内市场进行设计和生产，而子公司则根本不进行设计，只是在当地生产母公司设计的产品，然后在各自的市场进行销售。现在母公司和子公司的差异日趋模糊。

跨国企业则可以在其系统内的任何地方进行设计。现在的大型制药公司在五六个国家设立研究型实验室，如美国、英国、日本、瑞士等。无论哪里，只要有研究型科学家，它们就可以在那里进行研究。无论哪里，只要经济状况符合生产需要，它们就可以在那里进行生产。例如，IBM在两个地方生产个人电脑，在一个地方生产磁盘驱动器，产品供给全欧洲市场。有家大型制药商在164个国家生产和销售处方药品，但所有的发酵工作都是在爱尔兰的一家工厂完成的。跨国企业的财务主管负责集中管理集团成员的所有资金，而非让它们各自为政，如英国分公司在伦敦管理资金，德国分公司在法兰克福管理资金，美国分公司则在纽约管理资金等。即使所有的高层管理人员都在同一国家，跨国企业的高层管理也并非只是母公司的高层管理。每个单位，包括母公司，都进行各自的管理。高层管理是跨国进行的，企业的业务计划、业务战略和业务决策也都如此。

大多数人一听到跨国企业就会想到巨型企业，但越来越多的中型甚至小型企业都在世界经济中运行，而不只是在一两个国家经营。实际上，中小企业更容易不受国界的限制。与大型企业不同，它们在政治上并不令人瞩目。

美国经验还显示，在发达国家，要想在任何领域取得领导地位，无论是制造业、金融业，还是服务业，企业必须在北美、西欧和日本这一金三角的任何区域具有优势甚至是领导地位。这三个区域并没有构成一个统一市场，但它们构成了一个经济体。位于这三个区域中任何一个区域的企业都有与其他两个区域的任何企业进行竞争的可能性。30年前，大多数汽车制造商都在国内市场竞争领导地位。例如，菲亚特一般不会在意大利之外的国家积极营销，而其他欧洲国家的企业也同样不会在意大利积极开展营销。现在，菲亚特力图成为欧洲的领导者，日本企业也是如此。

在美国的很多市场，长期以来，通用电气公司一直都是不可挑战的领导者。20世纪80年代，管理层决定，放弃在世界市场上不能取得领导地位的所有业务，即使是盈利的业务，其中包括在美国本土的业务，而在能够取得世界领导地位的领域进行积极扩张。它卖掉了很多业务部门，其中包括小家电、半导体芯片，尽管在美国市场是个获利丰厚的领导者，但在国际上没有发展机会。与此同时，通用电气在国外收购了很多企业，特别是在欧洲，如医疗电子行业的企业，因为管理层在这些业务领域看到了发展成为领导者的机会。很多欧洲和日本的企业也在采取类似的战略，如英国的帝国化学工业公司（Imperial Chemical Industries，俗称卜内门公司）、德国化工巨头赫希司特（Hoechst）和日本的索尼等。许多中小制造商也是如此，银行、保险公司甚至建筑维修企业和建筑承包商也都在逐步采取这样的战略。"任何能够通过电话联系的企业既是潜在客户，也是潜在竞争对手。"美国一家中型低科技公司的 CEO 如是说。

100 年前，德国人不得不学会按照全国性企业的方式来管理严格意义上的地方性企业，如位于汉堡的雪茄制作公司。不然，慕尼黑或斯图加特的雪茄制作商会抢走他们本地的市场。50 年前，每家美国企业，如马萨诸塞州的供应当地办公室和银行的胶水公司，都不得不学会按照跨北美大陆型企业的方式进行管理，不然，位于南加利福尼亚的一家胶水公司可能会突然出现在它面前，夺取其地区市场。而现在，即使是比利时的一家小型香肠生产商，也不得不学会按照跨欧洲型企业的方式经营，不然，西班牙的一家香肠生产商会接收其全国市场。逐渐地，企业必须学会将其视为跨国企业。不然，一家日本、韩国、德国、加拿大或美国的企业会把它们从自己的国内市场中驱逐出去。

符号经济与实体经济

最后一个重要的教训是，跨国经济是由资金流动驱动并形成的。这些资金流动有其自身的动态特征，并不一定要符合传统的经济原理。

重要的问题不是什么促使1985年美元贬值，而是什么使之维持了这么长时间。1971年尼克松总统决定让美元浮动时，是假设美元的汇率价值会按照美国贸易差额的波动进行调整。从1982年以来，美国的贸易逆差迅速上升，很快就突破了历史纪录。然而，美元的汇率仍然稳定地维持在不久前大家都认为是不现实的高位。然后在美元贬值时，其汇率又下跌到大家同样都认为根据相对成本和生产力是不现实的低位。

对美元变化态势的唯一解释是商品和服务的实体经济已然不再主导跨国经济。资金和信贷的符号经济对跨国经济发挥主导作用。每天伦敦银行同业拆放市场（interbank market）的交易额是需要对商品和服务的世界贸易进行融资的跨国货币（如欧洲美元、欧洲马克或欧洲日元等）金额的10～15倍。纽约、伦敦、东京、新加坡、苏黎世和法兰克福等主要外汇市场的交易额是世界工业和世界商业需要融资额度的很多倍。90%或以上的跨国经济的金融交易并不是用来满足经济学家认为的经济功能，而完全是用来满足金融功能的。当然，这些资金流动有自身的理性，但在很大程度上属于政治理性。例如，对政府在诸如中央银行利率、汇率、税收、政府财政赤字和政府借贷或政治风险评估方面的决策的预期。因此，就像美国经验所展示的那样，在很大程度上是符号经济控制着实体经济。

这方面的一个重要意义是，每个企业都必须学会管理外汇风险。现在管理者必须假设，即使企业的业务都是在国内经营，汇率也还是非常重要的。他们必须假设，汇率是一种政治决策，因此必然是不稳定的。最后，他们还必须承担防止汇率风险的责任，就像他们必须承担防止其他可预见风险的责任那样。汇率波动已经成了做生意的一种普通成本。

这与发达国家的大多数企业仍在坚持的假设是对立的：从本质上看，汇率是或至少应该是稳定的；如果汇率发生了波动，那一定是"上帝的行为"。事实上，他们是人类特别是政府的行为。这些波动的时机与其他许多事件，如失火或盗窃，一样难以预测。但我们可以预测的是，它们一定会发生，而且会频频发生。

不再有超级大国

作为世界市场的决定性力量，跨国企业和符号经济的兴起，决定了不再有什么经济超级大国。无论一个国家规模多么庞大，实力多么强大，生产力水平多么出类拔萃，每天它都要竞争世界市场的地位。事实上，没有一个国家能够期望在技术、管理、创新、设计和创业的竞争中长期维持领导地位。但对跨国企业而言，哪个国家处于领导地位并没有多大意义，它在每个国家都有业务，在每个国家都设有部门和机构。然而，一个企业也不能再视其领导地位是理所当然的。在任何行业，不再有什么超级大鳄，而只有众多的竞争对手。企业所在地已成为总部和交流中心。任何行业都有很多企业，其中有美国的、有德国的、有英国的，也有日本的，它们一起构成了这一行业的世界超级强权。管理者越来越需要根据行业和市场的这一新型跨国超级强权的结构制定业务决策。

敌对贸易与互惠

跨国企业的出现改变了世界经济的结构。新型经济强国日本及随后的东南亚国家的兴起也是如此。然而，系统的任何结构性变化都会改变系统的管理规则。

亚当·斯密所处的18世纪的贸易是互补型贸易。英国向葡萄牙出售其不能生产的羊毛，而葡萄牙则向英国销售其不能生产的葡萄酒；英国从印度购买其不能种植的棉花，与印度交换其还不能生产的机织棉布。19世纪中叶，美国和德国加入世界经济，从而引发了从互补型贸易向竞争性贸易的转变。美国人和德国人互相竞争销售化工和电气产品，也互相购买化工和电气产品。在1850年还几乎没人知道竞争性贸易，而到了1900年，则已成为主导国际贸易的力量了。

新的非西方贸易国家的兴起，其中最重要的是日本的兴起，创造了我所讲的敌对贸易。

互补型贸易寻求建立合作关系，竞争性贸易旨在创造客户，而敌对贸易则力图主导行业。互补型贸易是求爱，竞争性贸易是打仗，而敌对贸易则是通过摧毁敌方的军队和作战能力，从而赢得战争。

当竞争性贸易刚开始成为国际贸易中的重要力量时，英国人强烈抗议违规，他们指控美国人和德国人这些新的竞争对手阴谋串通。类似地，现在西方人也在强烈抗议违规，指控日本人阴谋从事敌对贸易。100年前的竞争性贸易和现在的敌对贸易都是客观需要和环境的反映，远非他们一开始就处心积虑，力图打败或摧毁竞争对手。刚开始时，日本人其实并不理解自己的所作所为。20世纪60年代早期，当时的日本还没有从"二战"的废墟中恢复过来，他们认为自己在技术甚至是营销能力方面，都还是落后者，这当然是很有道理的。保护自己的国内市场免遭国外企业的竞争，在当年主要是指美国，这当然也是合乎逻辑的。日本人集中于很少几个有望取得竞争优势的行业，也就是市场已经得到充分的发展，技术成熟，对已经做得不错的产品做一点改进，就能够大量销售的行业，这当然也是有道理的。这些行业，如汽车、钢铁、消费电子产品、照相机和光学产品等，在当时还是高度劳动密集型的。因此，日本利用新的强有力的管理技术和培训方式，充分提高低成本劳动力的生产效率，这使他们成为发达的西方市场卓有成效的竞争对手。与此同时，他们仍然觉得自己还非常落后，事实上差距确实也很大，因此他们必须排挤外国竞争对手。这就逐步导致了敌对贸易，其目的是通过摧毁敌人控制市场或者获取市场的主导权，使新的竞争对手几乎无法挑战市场领导者。

而且，敌对贸易还彻底改变了基本规则。首先，经济学家的基本假设——竞争对双方都是有利的——已经不再成立。在疑虑重重的情况下，19世纪的经济学证明了竞争性贸易最终对双方都是有利的，这确实是一项非常伟大的成就。无可否认的是，在与法国竞争对手竞争时，失去业务的瑞士企业可能必须裁员。但经济学家认为，竞争性贸易使瑞士消费者具有更强的购买力，能够购买和发明更多的东西，从而创造新的工作机会，相对于瑞士员工失业的损失，还是利大于弊的。然而，敌对贸易则可能并非对双方都有利。受到竞争攻击的制造商，如在韩国制造商攻击下的美国光学产品企业，如果能够生存下来，那么就会变得更有竞争力。在这种情况下，竞争最终确实是有利的。然而，敌对贸易的目的是将竞争对手完全驱逐出市场，而非让其生存下去。如果发动进攻的国家仍然关闭进口市场，或至少严格限制进口，那么受到进攻的竞争对手就不能进行有效的反击，也就不能取胜，至多只能避免全盘皆输的局面。

因此，敌对贸易挑战了传统的假设。显然，闭关自守的保护主义并不能解决问题，而只能导致本国的产业更不具竞争力，但自由贸易也不能解决问题。解决方案之一是组建经济区域或集团，如欧洲经济共同体计划在1992年进行经济整合，1988年美国－加拿大自由贸易协议力图创建北美自由贸易区，也许还有未来以日本为中心的环太平洋经济区。这会使规模较小的经济体获取更大的区域和市场，使它们能够因此创造取得竞争优势必需的生产和销售的"临界质量"。

经济区域化创建了一个能够制定和执行有效贸易政策的实体单位，超越了保护主义和自由贸易的局限。它创造了一个互惠的实体单位。在具有敌对贸易特征的世界经济中，互惠显然是个能够唯一有效推行的贸易政策。如果其他各方都能够互惠互利，自由贸易就能够在互惠政策下推行。但如果任何一方选择保护主义政策，那么对方也就只能实行保护主义政策加以应对。

到目前为止，除了农业、国防和交通运输业，美国在大多数领域都倾向于自由贸易。例如，日本银行可以经营美国银行不能经营的业务，它们可以在美国各州经营所有银行业务，然而，外国银行却不能在日本的任何地方开展所有银行业务。类似地，日本或韩国的建筑承包商可以承建美国的大型公共建筑工程，如建造洛杉矶的新博物馆，而到目前为止，日本的公共建筑工程却只能由日本企业承建。在互惠政策下，任何国家的企业都可以平等地进入其他国家的市场，没有任何特权。事实上，互惠政策是防止世界经济退回到极端保护主义的唯一方法。

作为世界经济的新整合原则，互惠政策正在迅速推行。只要其能够在传统的保护主义国家（如法国和意大利）和传统的自由贸易国家（如英国和德国）之间达成折中意见，互惠政策显然就会成为欧洲经济共同体的主要贸易政策。这也会很快成为美国对日本、韩国及巴西的经济关系政策。因此，互惠可能会成为世界经济整合的工具，就像竞争性贸易是过去150年来内部经济（internal economy）整合的工具那样。

与传统的自由贸易和传统的贸易保护主义不同的是，互惠政策并不局限于商品。在世界经济中，服务已经具有和商品一样重要的地位，因此甚至更需要互惠政策。投资和贸易是同样重要的，投资和贸易共同推动了世界经济的一体化。然而，世界各国对待投资的政策差异要远远大于贸易。在有些国家，甚至像法国这样高度发达的国家，有关投资的决策，无论是本国人还是外国人的投资，都是武断和高度政治化的。就像我们将在本章后面讨论的那样，我们最终必将制定国际投资的法律。与此同时，只要采取互惠政策，我们就能取得有效的成果。

在知识产权方面，如专利技术、商标和版权等，还有专业服务方面，互惠也将是同样重要的。

跨国生态环境

世界经济的最后一个新现实是跨国生态环境的形成。关注生态环境，也就是关注濒临险境的人类家园，必须纳入经济政策，这一点已然日益迫切。关注生态环境，并制定相应的政策，将日益超越国界的限制。人类家园的主要危险已日趋全球化，因此制定保护生态环境的相应政策也日显迫切。我们还在谈论环境保护，似乎是在保护与人类不相关的局外的东西，但处于险境的是人类的生存需要。直到19世纪，我们面临的无穷无尽的挑战一直是如何保护人类及其家园免遭自然威力的危害，如流行疾病、猛兽、水灾和飓风等。如今，这些自然威力仍令人恐惧。最近爆发的艾滋病，这一危害人类的新瘟疫，使人类征服自然的豪言壮语显得苍白无力。尽管如此，20世纪还是出现了新的需求：保护自然环境免遭人类破坏。事实上，直到"二战"之后，人类才意识到这一问题。从此之后，人类对自然环境的威胁愈演愈烈，呈现爆发式的发展态势，并具有与以往完全不同的特征。

大多数人的观念还停留在问题刚进入我们视野的阶段，认为生态环境问题是一系列局部的、互相隔离的和特定的事件，如洛杉矶或墨西哥城的雾霾，这一或那一动物种类的灭绝，泄漏在滩涂上的石油等。但事实已经非常明了，即使确实是局部地区的环境事件，其结果也不是局部性的。我们现在知道污染是不分区域界限的：美国中西部的钢铁厂排放的含硫气体成了摧毁加拿大森林的酸雨；瑞士或法国阿尔萨斯化工厂排入莱茵河的含毒废水毒化了荷兰的饮用水；乌克兰核事故泄漏的放射性粒子污染了瑞典的蔬菜，造成苏格兰生产的牛奶不能饮用。

还有很多人认为，对生态环境的威胁仅局限于发达国家，是工业化、汽车泛滥和物质富裕的结果。但正在发生的最大也是最难阻止、更谈不上恢复的生态灾难，是对世界热带森林的破坏，是最落后、最缺乏开发、最贫穷的地球居民——贫困的农民使用原始的方法和古老的工具造成的。至今还从来没有人批驳这一武断教条的观点：污染是资本主义的产物，在社会主义社会不可能发生。到目前为止，最大的生态灾难是世界最大的淡水体：西伯利亚贝加尔湖遭到近乎毁灭性的破坏；布达佩斯也遭受与墨西哥城同样严重的污染，并且几乎没有采取任何措施来解决问题。

因此，保护人类赖以生存的生态环境免遭破坏是我们的共同任务。

虽然很多国家和地区各自采取措施是必要的，但把它作为单一国家的任务则是徒劳无用的。用一个国家指责邻国污染了环境这种对立的方式，如荷兰指责法国，瑞典指责英国，加拿大指责美国等，也不能解决问题。受到谴责的国家必然会辩解自己的清白无辜，否定存在什么问题。因此，我们必须接受这样的观念：任何地方的环境受到严重破坏，都事关我们每个人的切身利益，会对我们所有人造成威胁。只有我们接受了这样的观念，才能采取切实有效的行动。

这就需要我们对经济的思维方式进行重大调整。经济学家通常认为污染和环境破坏是"外部性事件"，其成本应该由整个社区而非肇事者承担，但这种观念无助于解决环境破坏问题。现在还没有形成防止污染的激励机制。相反，污染的肇事者不需要付出代价，这就使污染最严重的肇事者取得了独特的竞争优势。把环境影响当作外部事件在理论上也是不能成立的。在19世纪，每个发达国家都不再把工业事故当作外部事件，而是纳入业务的直接成本。每个发达国家都建立了工人抚恤金制度。在这一制度下，雇主必须根据自己的事故发生情况缴纳保费，从而使不安全的作业造成的工伤纳入业务的直接成本。但工人抚恤金制度假设，工业活动本身具有危险性，因此事故是必然会发生的。在当时，这一假设遭到了致力于工作场所安全的改革者的激烈反对，他们因此把工人抚恤金制度比喻为"杀人执照"（licence to kill）。但在降低工业事故发生率方面，工人抚恤金制度其实比安全法规或工厂安全检查发挥了更大的作用。

把对环境造成的威胁或破坏纳入业务的直接成本，例如，提高高峰期进出城市车流量的收费，会产生重大的心理影响。这会激励人们寻找对生态造成不安全影响的物质或行为的替代方案。这样的替代方案可能会急剧降低美国最严重的环境污染，例如，降低有毒或不可分解的杀虫剂、除草剂和肥料在农业中的使用量；还有，严禁使用造成严重危害和不能用无害物质替代的东西，例如，碳氟化合物就在禁止之列。

保护环境必须落实到各地区的具体行动中。清理污染最严重的海洋，如波罗的海、地中海和科尔特斯海的岛屿浅海，需要沿岸国家清除最大的污染源，净化城市下水道。我们必须树立跨国共同努力的观念，制定跨国合作协议能够阻止发展中国家的环境破坏并使之得以恢复。发展中国家的环境破坏是最严重的，因为对环境威胁最大的是人口压力，而非工业化。

保护环境需要制定国际生态环境法律。在这方面，19世纪为我们提供了一个先例。在蒸汽轮船和铁路运输开始推动大规模旅行之际，原先局限于热带的传染病，如黄热病和霍乱等，传入了温带国家，成为具有很大威胁的流行病。于是就设立了隔离区，隔离受到传染地区的病人。一个世纪后，也就是20世纪30年代的罗斯福新政期间，尽管受到很多南方州的坚决反对，通过禁止未成年儿童生产的产品跨州运输，美国政府成功地废除了童工制度。类似地，我们也可以隔离污染源，禁运在严重污染或破坏人类居住环境——如污染海洋、提高大气温度或破坏臭氧层——情况下生产出来的国际商品。这会受到诋毁，会有人指责这是干涉主权国家的内政。当然，这确实是在干涉内政。不过，这可能还需要富裕的发达国家补贴贫穷的发展中国家，因为如建立废水处理工厂等环境保护的成本确实很高。事实上，环境保护很可能是最有成效的外援，远比过去40年的发展援助成功。即使如此，主要问题仍会存在。其中最严重的是热带森林的迅速破坏，因为在渴望拥有土地以谋求生存的压力下，农民会长期不停地开拓干旱贫瘠的土地，其中还包括部分温带地区。

通过采取跨国行动，19世纪成功解决了两个人类最古老的问题：奴隶交易和公海海盗。这是人类共同的敌人，禁止它们符合任何时代、任何国家的利益。对人类家园——生态环境的威胁则是最近的一种威胁，但这是比奴隶交易或海盗更大的威胁，这是对每个人的威胁。要从根本上解决这一问题，只能通过跨国努力和共同行动。

保护跨国经济

和保护自然环境免受经济活动破坏一样重要的是，对新的人为经济环境——跨国经济——进行保护和立法。无论是发达国家还是发展中国家，跨国经济决定了这些国家每个人的实际工作、生计和生活标准。跨国经济的兴起已经成了一种新的经济现实，至少大致如此，但我们还没有制定这一新现实需要的法律。我们需要制定的是和现在不一样的法律。

如果20世纪只教给我们一个教训，那就是互相依存：发达世界无法局部繁荣，而只能共同繁荣。特别是在现代战争中，除非失败的一方也得以恢复发展，否则胜利方不可能独自繁荣。在世界经济中，至少是在每个发达国家，让所有各方尽快从战争的破坏和混乱中恢复过来，这显然符合每个参与国的利益。毕竟，尽快恢复战争切断的经济联系，恢复国际信任和信心，恢复商品和投资的跨国流通，符合世界经济中每个参与国的利益。这就是杜鲁门总统当时的想法和采取的行动。这解释了为什么"二战"后开始了历史上规模最大和持续时间最长的经济发展，也解释了为什么"一战"导致了历史上最严重和持续时间最长的经济萎缩和危机。

因此，我们需要制定战时国际法律，保护和平时期重建经济所需的资源。事实上，从17世纪中叶到19世纪末的250年间，欧洲就曾经有过这样的国际法律。在这250年间，交战各国的政府认为平民不是参战者，从而对其人身和财产进行特别保护。美国内战打得非常惨烈，但双方都没有囚禁对方的非参战人员或没收其财产。美国内战结束几年后，在1870～1871年的普法战争中，德国人包围了巴黎，并进行重磅轰炸，但他们允许对方的商务人员进出城市。实施包围的德国人和受到包围的法国人都没有囚禁对方的平民，也没有没收其财产。

但在1899～1902年的布尔战争（Boer War）中，英国人抛弃了"战争是针对士兵而非平民"这一观念。当时的英国人发明了集中营，用来囚禁布尔人的妇女和儿童，目的是迫使参战的男人投降。然后，作为敌方的财产，他们还没收了布尔人的农场。当时，这理所当然被认为是残忍的"创新"。但12年后，在"一战"中，英国人把这些残忍的"创新"变成了新的法律原则。从此以后，战争中敌方政府的平民都被视为敌人，没有权利，也不受法律保护：人身受到囚禁，财产则被没收。

对跨国经济而言，这些都是错误的原则和错误的政策。我们现在需要制定国际法律，明确政府的责任：在战时，只要没有敌意的言行，就应该保护敌对国家没有参战的平民的人身和财产。我们需要制定国际法律，明确在跨国和互相依存的世界经济中所有国家在战争结束后恢复繁荣过程中的共同利益。

19世纪一个最值得骄傲也是最持久的成就是红十字会。红十字会是

1864年瑞士人亨利·杜南（Jean-Henri Dunant）创建的。在人类历史上，红十字会第一次为敌方士兵，无论是否受伤或被俘囚禁，提供保护和人道待遇。我们现在需要的是制定国际法律，保护敌方平民的人身和财产。这样的法律可以保护世界经济中每个国家的利益及其从战争中生存下来并得以恢复的能力。设计红十字会并呼吁当时的军事强权加入的不是大国，而是中立小国的一位默默无闻的公民。然而，在制定和平时期需要的国际法律时，我们可能需要政治领导能力。但无论由哪个国家来领导制定这样的国际法律，应该很快就会有国家响应，因为每个国家显然都有这样的需要，就像在19世纪保护士兵和战俘的需要那样明显。而且，这样的需要也非常迫切。

CHAPTER 10 | 第 10 章

经济发展的悖论

　　1950年，在"第四点计划"（Point Four Program）演讲中，哈里·杜鲁门总统承诺美国将致力于推进世界经济发展，而现在已经很少有人能够想象当时那种热情澎湃和振奋人心的情景了。10年后，约翰·肯尼迪总统宣布"进步联盟"（Allance for Progress）计划，争取在10年内让拉丁美洲摆脱贫困，同样非常振奋人心。从墨西哥到巴塔哥尼亚（Patagonia），肯尼迪总统的照片至今仍然挂在当地农民简陋小屋的墙上。在此之前，"经济发展"甚至还不是个常用词汇，当时则成了激动人心的伟大"发现"。然而，"众所周知"的是，经济发展并没有取得成功，而是惨遭失败了。

　　实际上，在经济史上，无论是规模还是范围，杜鲁门总统提出第四点计划以来的40年间的经济发展都是空前的。这一悖论的关键在于认为成功和认为失败的双方所关注的是不同的方面：一方关注的是预期的发展,则确实是失败了;另一方看到的是出乎所有人意料的发展,实际上也确实出现了这样的发展。

此外,还有一个悖论和新现实:一度最流行似乎也是最成功的政策现在已经不再奏效了。一个是出口到发达国家的是低工资、高效率的劳动力产品,这就要求发达国家的制造业是劳动密集型的,但现实并非如此。另一个是19世纪所谓的"幼稚产业保护"政策在非常有效时就是阻碍生产效率的。这是现在折磨一度发展最快的如巴西和墨西哥等第三世界国家经济危机的根本原因;这也导致了印度的工业发展处于停滞状态;另外,这还是日本和西方经济关系日趋紧张的深层因素。

成　　功

远东地区当然是成功发展的范例,经历了最快也是最出乎预料的增长。1950年,日本几乎还没有从"二战"的废墟中开始恢复。当时,大多数日本人还在怀疑国家能否恢复到战前的水平。其实,日本战前的经济水平是很低的:在20世纪30年代,日本还有一半的人口是仅仅能够维持最低生活标准的农民。在"二战"前的10年内,日本建立了强大的军事工业,但在战败后就被肢解了。而日本的民用工业产品设计粗劣,质量低下,劳工关系也非常恶劣,这是当时名副其实的现状。1937年日本的生活标准和生产力水平还不到美国的1/3,而当时的美国已经惨遭经济大萧条的破坏。1952年,朝鲜战争结束时,韩国受到破坏的程度甚至超过1945年的日本。当时,韩国完全没有什么工业设施,受过教育培训的人也极为稀少。直到20世纪60年代,中国香港地区还是个没有工业的贸易港口，新加坡除了供应日本高成本蔗糖的几处种植园，只是个英国海军基地，中国台湾地区则几乎一无所有。

地中海北岸几乎与远东地区一样贫穷落后，唯一的工业位于意大利最边缘的阿尔卑斯山脉的丘陵地区。一些地区还很贫穷，如西西里和意大利，但作为整体，现在意大利的收入已超过英国。法国南方已经发展成为主要的工业和农业地区，而现在西班牙和葡萄牙也比以往发展更快。

在"二战"结束时，美国南方，如佐治亚、卡罗来纳、亚拉巴马、田纳西、路易斯安那和密西西比等州，是贫穷肮脏的地区。就像韩国或西班牙那样，现在那里还有贫穷的地方，如边远地区密西西比，但作为整体，现在美国的南方已经开始赶上其他富裕地区。

然后，还有拉丁美洲迅速工业化的国家。巴西已经成为世界的第八大工业国家。在1950年，巴西还是个农业国，出口咖啡和可可粉，甚至没有纳入世界的工业版图。现在，巴西是鞋类、坦克和飞机等战争物资、机械工具的主要出口国。墨西哥也从1950年的农业国发展成为高度工业化的国家，工业产量相当于伊比利亚半岛。

英国殖民者撤离时，印度几乎没有什么中产阶级。40年后，印度人口达到8亿，其中有1亿受过良好教育的中产阶级，他们有中产阶级的生活标准、能力和期望。200年来，印度饱受反复出现的饥荒折磨，而现在，尽管人口翻了一番，但印度已经能在粮食方面自给自足了。

在经济史上，这40年的发展纪录是无与伦比的，甚至超过了上一个迅速发展期，也就是1875~1914这40年间的纪录。当时的发展主要局限于欧洲体系（European stock）。美国和德国成为经济大国；奥匈帝国、意大利北部、俄国西部迅速发展成为工业化国家；阿根廷、澳大利亚、新西兰、加拿大和乌克兰成为主要的农业大国和农产品出口国。而从 1950 年到 20 世纪 80 年代末这 40 年的发展，已经跨越了任何种族和文化的界限。从数量上看，这些年的发展肯定超过 100 年前的发展。当时的发展只涵盖了很小一部分的人口，不超过 1/10；"二战"之后的发展则覆盖了 1/5 的人口。

惨　　败

那么为什么会有那么多人认为发展惨遭失败了？原因是取得的成功完全不符合 20 世纪五六十年代经济学家和政治家所讲的发展的含义。他们期望和承诺的发展则确实是失败了。

"经济发展"是 20 世纪 50 年代的伟大发现，指的是全面共同的发展。它预测所有国家都会得到快速发展，而现实的发展则是不平衡的、具有高度选择性的。当然，有一些国家实际上是在衰退，阿根廷和乌拉圭就是如此。在 1950 年，两国要比巴西发达得多，也比南欧富裕得多。很多加勒比海国家也同样在倒退。

经济学家和政治家承诺的发展是要消灭贫穷。发展首先是提高，而且是以最快的速度提高穷人的收入。然而，在所有地方的实际发展过程中，首先是产生了新的中产阶级，而只有日本才是基本上消灭了传统意义上的贫穷。当然，所有经济发展的早期情况基本上都是这样的。然而，这一次，也就是我们讲的 20 世纪五六十年代的发展过程中，穷人就不需要再等待了。这一承诺使那些年的发展计划，如 1950 年杜鲁门总统的第四点计划和肯尼迪总统的进步联盟方案，极具吸引力。那些年的发展先知们所设想的发展是像20世纪五六十年代的美国那样，每个工人家庭都有车有房，房子是整洁的，而且是独门独户的。实际上，除了日本，却很像20世纪20年代的美国：贫富极不均衡，贫穷的情况令人震惊，而这恰恰是因为出现了中产阶级。我们必须再次认识到，消灭贫穷是要等到经济发展的后期，而不是开始阶段。在现代社会，贫穷主要是社会问题，而非经济问题。美国是世界上最发达的国家，其中有1/3的黑人生活在贫穷之中，这就是极好的例证。

20世纪五六十年代的人们相信他们发现了经济发展，因为他们有新的理论和新的政策。虽然各有偏好，但这些理论和政策受到了广泛的赞扬，认为能够保证经济的发展。不过，实际上都没有取得宣传所吹嘘的那种成效。概而言之，有四种经济发展的灵丹妙药。其中得到最广泛宣传推广的是失败得最惨的苏式计划。到了1950年，人们都已经知道苏式计划不适合农业，但还广泛认为适合工业。现在我们知道，那些年苏联经济发展的数据大多是官僚机构想象和虚构出来的。无论在什么地方进行尝试，苏式计划都只能引起衰退。如果苏联能够维持"一战"前的增长率，现在工业产量已经等于或超过美国了，而不是最多只有美国的2/5。1913年的俄国，至少在其欧洲部分，在医疗保健、婴儿死亡率和寿命方面，与美国是处于同一水平的。75年后，即使是其欧洲部分，就算是在医疗保健的每个方面，也都低于大多数第三世界国家。在采取苏式计划之前，也就是"二战"之前，在生产力和技术方面，捷克斯洛伐克与联邦德国处于同一水平，领先于法国。在"二战"中，其工业没有受到破坏。然而，在实行苏式计划40年后，捷克斯洛伐克每名工人的产量还不到联邦德国或法国的一半。古巴的产量也远低于卡斯特罗（Castro）执政之前。

在医疗保健和婴儿死亡率方面,当时的古巴都走在加勒比海地区其他国家的前面,而现在,除了海地,古巴已经远远落在其他国家的后面了。

其中一个原因是,在苏式计划下,资本投资的惊人浪费和生产效率的低下,每一美元投资的产出最多只有西欧、美国或日本的2/5。而且,在苏式计划之下,因为没有什么有效的激励机制,劳工的生产效率几乎丧失殆尽。另外,还有其根本的缺陷,"计划"必然会造成资源的错误配置。

第二种灵丹妙药是西方国家的社会民主计划。这是20世纪三四十年代英国伦敦经济学派的主流观点,它是造成英国在非洲的前殖民地国家生产和效率灾难性下滑的主要原因。以前这些国家是粮食的主要出口国,而现在它们在农产品交易中都出现了巨额的逆差,如果粮食不进口的话,就会出现饥荒。在去世前几年,印度的第一任总理贾瓦哈拉尔·尼赫鲁(Jawaharlal Nehru)才放弃了他引进印度的社会民主计划,那是他在英国读书时接受的理念。此后,印度的经济才开始发展。而胡安·庇隆(Juan Peron)可能从来没有听说过伦敦经济学派,但20世纪50年代他在阿根廷推行的经济政策与英国经济学家颇为相似,结果也如出一辙:该国繁荣兴旺的农业遭到几乎毁灭性的破坏;行政和军事部门的官僚主义迅速蔓延;贪污腐败猖獗,通货膨胀居高不下。

第三种灵丹妙药是美国的发展政策——外援。这是杜鲁门总统用来反制苏式计划的诉求,但也没有取得很大的发展成效。这类似于马歇尔计划,也是其参照的依据,但同样没有什么效果。西欧和日本都有较好的基础条件:受教育程度较高和遵纪守法的人民、极好的教育体系、完善的交通、银行和行政等基础设施,但在发展中国家则缺乏所有这些基础条件。其中最重要的是,马歇尔计划针对的是企业和产业,而外援则是在帮助政府。结果是大量的外援变成了军事援助，这就像我们现在知道的那样，阻碍了经济业绩和发展。而用来进行经济投资的外援则主要投入了能够取得巨大声望的项目，如政府非常喜欢的钢铁厂等。然而，这些都是更具政治意义的样板项目，而非能够取得"人体能量乘数效应"的投资项目。它们能够帮助吸引很多选票，但无助于提高发展中国家最需要的就业水平：广泛分布在分销和销售、建筑和道路建设、汽车修理和加油站、地方小型制造企业等领域不引人注目的低技能工作。这些工作机会主要是由满足当地消费者需要的小型企业创造的，而不是由吸引政府援助的重工业和大项目创造的。

指导性计划有效吗

在 20 世纪 60 年代末，情况已经很明朗：无论是苏式计划，还是社会民主计划，或是外国援助，都不能有效推动发展。因此，大家开始关注一个似乎取得了成效的政策，这就是法国夏尔·戴高乐和"日本公司"（Japan Inc.）的指导性计划。这两个国家的政府都没有制订企业计划，而是通过与企业的密切合作，指导经济发展的方向。然后，政府主要通过向那些听从指导的行业和企业直接投资来加以支持。尽管得到了广泛的宣传报道，然而在法国，指导性计划还是失败了，而在日本其结果则比较复杂。

在法国，大约 10 年间，也就是直到 1965 年前后，指导性计划似乎取得了成效。然后，情况就明朗了：实际上其结果只能使法国迅速落到德国的后面。德国是法国争取欧洲领导地位的竞争对手。指导性计划阻碍了法国的工业创新、利用新技术的机会以及出口。在 1970 年左右，法国悄然放弃了指导性计划，于是经济开始增长。

但"日本公司"仍对指导性计划敬若神明。实际上，在日本发挥作用的并不是指导性计划。与其他国家推行的苏式或社会民主计划一样，在日本，指导性计划也几乎惨遭失败。日本政府计划的目标一般都是错误的，这几乎是个铁律。日本政府并没有为日本制订成功的计划，如汽车行业、消费电子行业和摄影器材行业等，政府是反对所有这三个行业的发展的。政府推动的是巨型钢铁工业，这可能是日本人犯过的代价最高的错误。政府让日本制造了其能维持产能的三倍钢铁产量，可是日本既没有铁矿和煤炭，也没有天然气和石灰岩。1975年以来，日本政府一直在力推的行业并不很成功。其中力推的一个行业是大型和超大型电脑，但后来市场的发展方向是个人电脑，日本政府根本就没有考虑过个人电脑。政府的目标是发展世界级的制药行业、世界级的通信行业，但到目前为止，都没有取得成功。在办公室自动化方面，它只取得了中等程度的成功，这是其第四大目标。唯一取得成功的政府计划是在微电路方面实现了目标。然而，日本公司确实有个成功的经验：密切政府和企业关系的重要性。不过，取得成效的前提是政府和企业必须都已经是高度发展的，具有卓越的竞争力。不然，就会像印度和巴西的情况所显示的那样，密切的政企关系将会导致裙带关系和贪污腐败，而非有效的政策和发展。换言之，日本的经验只适合发达国家，而非发展中国家。

有效的政策

过去40年有效的政策与发展经济学家和发展政治学家所倡导的政策

截然不同。然而，它们也与19世纪有效的政策大相径庭。19世纪的成功发展基于创新和技术的领导地位。由于在蒸汽机、铁路、汽船、纺织机器、机械工具、国际银行和保险业、通信（如邮政服务）方面的领导地位，英国崛起成为首屈一指的经济大国。然后，美国因为在钢铁、电气、电报和电话、农业设备和农艺学、办公设备（如打字机）和第一代家庭器具（缝纫机）方面的领导地位，成为第二经济大国。不久，美国又在汽车和航空领域成为领导者，德国则是钢铁、电气、电子、电报行业的领导者，与美国同时崛起，彼此是竞争对手。德国是化工、制药、汽车和银行业的创新者，如发明了全能银行等，而日本甚至没有在科学和技术的任何领域取得领导地位，到目前为止，日本的发展主要依靠引进科学和改进其他国家的技术。

在"二战"后40年间，卓有成效的两项政策是出口廉价工业劳动力产品和幼稚产业保护。在19世纪，其实也尝试过这两项政策。事实上，它们是被优先考虑的目标明确的系统化发展政策。但在19世纪，这两项政策都失败了，只好放弃。19世纪的经济学家和实业家很快就明白，廉价劳动力是低效低质的劳动力，在世界市场上没有竞争力。20世纪二三十年代仍然如此。为了打开廉价劳动力产品的世界市场，日本人进行了孤注一掷的努力。这一出口努力的失败导致日本执政者转而采取军事征服的手段，攫取其廉价劳动力无法打开的市场。

然后，在"二战"后，日本人认识到美国人发明的培训可以提高工人的生产力水平，同时还能维持劳动力的低成本。出口导向的发展是基于训练有素的廉价劳动力生产的高质产品，这成为日本摆脱低发展水平和失败困境的有效途径。远东其他国家和地区，如韩国、中国香港、中国台湾和新加坡等，另外在一定程度上还有巴西，则复制了这一战略。

现在，日本制造业的工资已经很高了。日本人正在把劳动密集型工作转移到泰国、马来西亚和墨西哥靠近美国边境的工厂，但这也许是低成本劳动力政策的最后机会了。只有在制造业是劳动密集型时，这一政策才是有效的。如果劳动力直接成本低于总成本的15%，远距离的运输成本就会抵消低成本劳动力的优势。现在只有落后行业的劳动力直接成本才会这么高。通用汽车公司每辆车的劳动力直接成本还占总成本的25%，而丰田和福特已经降低到18%，在20世纪末还有望降低到10%~12%及以下的水平。即使在一直是高劳动密集型的生产作业领域，如收音机和电脑组装，现在的直接劳动成本也已经远低于20%，并还在继续下降。当然，高劳动力成本的生产作业还会继续存在，如缝制男士服装或制作木制家具等，但其数量和就业人口太少，无法像1950年后几十年间的远东地区那样，成为经济发展的平台。

实际上，日本人早就认识到了廉价产品出口不能持久。到了1960年，他们就将低成本战略与幼稚产业保护的新形式结合起来。幼稚产业保护是19世纪没有取得成功的另一发展战略。这一战略是多次参与美国总统选举的亨利·克莱（Henry Clay）发明的，他称为"美国体系"。德国人弗里德里希·李斯特（Friedrich List）将其引进了欧洲。李斯特是流亡美国的政治家，曾任克莱的秘书。开始时，幼稚产业保护风靡一时，但不久就令人失望。为了保护幼稚产业，一个国家就要关闭制造业进口。在理论上，一旦幼稚产业强大了，能够承受得起竞争，就可以放开竞争，但这种情况永远不可能发生。相反的是，幼稚产业保护得越久，就越依赖于保护。而且，在幼稚产业保护下，国内产业越发展，就越依赖于从更发达的国家进口机械、工具、工业材料和零部件。实际上，如果不持续增加机械和零部件的进口，幼稚产业就不能取得进一步的成长，而且不能取得出口的竞争优势，以获取支付这些进口机械和零部件所需的外汇。最终，幼稚产业的发展就会难以为继，以失败告终。

这就是墨西哥的真实经历。墨西哥是20世纪幼稚产业保护最勤勉的实践者。保护政策把墨西哥的制造商与外界隔离，使它们能够更快地发展。但它们越发展，竞争能力越低。与此同时，它们越来越需要增加国外的进口，特别是工业材料和备件。石油输出国组织把油价抬得很高的那几年，墨西哥依靠石油出口获取的外汇支付从国外进口的备件和技术。当油价下滑时，墨西哥经济也就随之崩溃了。

印度也是幼稚产业保护的主要践行者，但比墨西哥要谨慎得多，结果是其发展也慢得多，但最终面临同样的难题：印度制造业越来越缺乏竞争力；与此同时，它们越来越依赖于机械、备件和零部件的进口，却没有支付这些进口产品所需的出口能力。印度也处于幼稚产业危机中。而在19世纪，正是这一危机迫使诸如德国这样一些国家抛弃了这一难以维系的自我毁灭性政策。

日本人找到了一个解决廉价劳动力产品竞争局限的方法，他们也认为自己确实找到了解决幼稚产业保护局限的方法。他们把19世纪失败的两项政策结合起来：廉价劳动力产品出口和幼稚产业保护双管齐下。这使日本的产业能够在受到保护的国内市场获取高价和高额利润，而在世界市场进行竞争挑战，以获取外汇。40年来，在国内进行幼稚产业保护和在世界市场进行竞争出口相结合的这种政策，在日本取得了成功，在韩国也取得了成功，还成了巴西的发展政策。这三个国家都取得了巨大的发展。然而，这一战略最终却失败了，就像我们前面已经解释过的那样，这迟早会导致敌对贸易。无论有什么理由或借口，发达国家最终都不会进口不能向其出口的国家的产品。也许更重要的是，得到保护的幼稚产业不会成长起来，而能够成长的主要是那些出口企业。如果国家不能出口，其余的大多数产业就只会越来越依赖于进一步的保护，也就越来越畸形和发育不良。这样一来，如果没有保护的话，国家就越来越不愿意甚至不能放开竞争，因为放开竞争会导致大量的破产倒闭、严重的失业和经济危机。

事实上，日本这么坚决抵制开放经济，主要原因是害怕，因为这会威胁很多的企业和产业。日本只有活跃的出口企业是具有竞争力的，但出口企业只占日本全部制造业的1/8。其余的，无论是制造业还是服务业，都依赖于保护，无法进行竞争。即使是大多数出口企业，也需要通过国内市场收取的高价来支持在国外市场进行的低价竞争。巴西和韩国也面临同样的情况，甚至在程度上更严重。

自1960年以来，日本的经济政策堪称是最成功的了，但现在也已濒临绝境。发达国家已经认识到了问题所在。欧洲经济共同体正在动员成员国抵制日本和韩国的进口。美国虽然还在说服日本开放市场，进口美国的产品和服务，但也在威胁要关闭美国的市场，抵制日本、巴西和韩国的进口。从今往后，发达国家会日趋践行互惠政策，而这就会使出口导向型的幼稚产业保护陷入绝境。

发展承诺时代的终结

大约 40 年前，杜鲁门总统的第四点计划开启了经济发展的时代，而现在我们则处于这一时代的终结时期。事实上，有人认为，最重要的是所谓的"金三角"（triad）⊖，也就是包括北美、西欧和远东地区的发达国家，我们可以不理会那些发展中国家。金三角国家生产的粮食确实超过自身的消费，也生产了它们需要的所有工业原材料，事实上还生产和消费了 2/3 的世界制造业产品。

但我们还存在非常巨大的发展潜力，而且我们还知道如何将其转化为现实。中国展示了这一点。20 世纪 70 年代，中国只是略微放松了对农民和农业价格的管制，于是在仅仅几年的时间里，农业产量就翻了一番。现在最大的发展潜力在于废除无效的政策，就像中国农业所展示的那样，潜力是非常巨大的。但要采取必要的行动，无论是政治上，还是社会和经济上，都是极为痛苦和困难的。然而，让非洲农民摆脱社会民主计划要更容易一些。非洲的社会民主计划已经彻底摧毁了农民从事农业生产的积极性，因为这需要大幅提高大城市的粮食价格，而城市中有随时都可能引发政治动乱的巨大贫民窟。

通常认为，巴西、墨西哥和印度等新兴工业化国家，在恢复发展能力方面应该会更容易和更充分些，它们现在已经具备有生产效率和竞争能力的工业基础。无论曾经有多么充分的需要和理由，幼稚产业保护都将退出历史的舞台，但这一改革转变需要巨大的政治勇气。改革转变可能是非常痛苦的，可能会危及社会和政治的凝聚力。可以预见，这是

⊖ 日本著名经营战略大师大前研一（Kenichi Ohmae）发明的词汇。——译者注

未来很多年甚至几十年内，第三世界将会面临的核心问题。因此，恢复而非发展可能是未来一些年的首要问题，但这是个政治问题，而非经济问题。

肯尼迪总统的照片还会挂在从墨西哥到巴塔哥尼亚农民的简陋小屋里，"发展"也不会被人遗忘。我们现在知道那是不容易的，我们也知道那是不会很快实现的，我们还知道发展第一次使贫穷更引人注目和更令人难以接受，恰恰是因为它首先发展的是中产阶级。我们知道，发展需要努力工作，而不是接受外援；我们知道，没有现存的模式和政策能够保证取得发展的成效；我们知道，发展的基础是教育和素质能力，而非资本投资。发展不是理所当然的，而是充满风险的。发展不是别人恩赐的，而是需要我们自己努力争取实现的。但过去 40 年的成功经验表明，发展是能够实现的。

CHAPTER 11 | 第 11 章

十字路口的经济学

对于1975～1989年15年间发生的主要经济事件，现有经济理论既不能进行合理的解释，也不能做出准确的预测。由此可见，现有经济理论已不再适应现实的发展了，而这样的情况以前也发生过两次。第一次发生在19世纪70年代的历史分水岭期间。当时的新古典经济学家，如奥地利的卡尔·门格尔（Karl Menger）、英国的斯坦利·杰文斯（Stanley Jevons）和法国的里昂·瓦尔拉斯（Leon Walras）等，用边际效用理论创建了现代经济学。60年后，经济大萧条使人们对新古典理论感到困惑不解。于是，约翰·梅纳德·凯恩斯（John Maynard Keynes）创建了一个以民族国家为对象的新的综合经济理论。在凯恩斯的理论中，新古典经济学家的边际效用理论只是其中的一个领域和基础部分，并把该理论重新命名为微观经济学。从那以后，经济理论只进行了很小的调整。米尔顿·弗里德曼（Milton Friedman）和供给学派都是"后凯恩斯学派"，而非"反凯恩斯学派"。

凯恩斯、后凯恩斯学派和新古典经济学家都用模型来表示经济系统，而在模型中一般都有几个驱动整个系统的常量。我们现在所用的模型把经济视为"生态""环境"和"结构"，由几个互动的领域组成：由个体和企业（特别是跨国企业）所组成的微观经济、由国家政府构成的宏观经济及世界经济。早期的经济理论都假设其中的一个经济领域居于完全主导和控制的地位，而所有其他领域则是受其控制的，是其"函数"。新古典经济学家的边际效用理论认为，个体和企业的微观经济控制政府的宏观经济。凯恩斯和后凯恩斯学派认为，由国家货币和信贷构成的宏观经济控制个体和企业的微观经济。但现在的经济现实是有三个这样的经济领域，而且可能很快就会有另外一个，也就是如欧洲经济共同体之类的经济区域，成为第四个半从属的经济领域。用数学家的术语来说，每个都是部分因变量。既没有一个经济领域可以完全控制其他三个领域，也没有一个是完全受制于其他领域的，也同样没有任何一个是完全独立于其他领域的。这种复杂性是很难描述、很难分析也很难预测的。

要建立有效的经济理论，我们需要一个能够简化这种复杂性的新的综合理论。但到目前为止，还没有迹象表明在这方面取得了任何进展。如果不能形成这一新的综合理论，在经济理论方面我们可能就已经走到了尽头。那么，我们也许只有经济定理，也就是描述或解释这一或那一现象、解决这一或那一问题的公式和表达式，而无法用统一的系统来描述经济学。那么，也就没有我们现在所理解的那种经济政策了，政府也就没有管理商业周期和经济环境的行为基础了。

制定经济政策需要非专业的政治家理解经济理论的重要概念，但经济现实非常复杂，很难做到这一点。向非专业人士提供最简单经济问题的容易理解的答案，即使不是不可能的，也是很困难的。但如果再加上没有简单的或至少能够简化的经济理论，那么也许只能制定解决具体问题的经济政策，如储蓄率过低等。我们也许只有可以称为"经济保健学"或"预防性经济学"之类的东西了。它们旨在强化某一经济体的基本健康，使之能够抵御严重的经济危机，而非根治或管理经济危机。

经 济 现 实

我们现在来看看20世纪70年代中期以来15年间的几个现实，现有的经济理论都无法预测或解释这些现实。在这一时期开始的时候，吉米·卡特（Jimmy Carter）总统把美元的汇率从1美元兑换250日元降低到180日元。他这样做的目的是扩大美国的出口，从而创造工作机会。当时美国的失业率很高，而且还在继续攀升。卡特总统成功地扩大了出口，创造了出口上升的纪录，但并没有降低失业率。相反的是，尽管出口回升，但失业率仍在继续稳步上升。这是经济学家没有预测到的，也是他们无法进行解释的。更无法解释的是，在此期间，失业率急剧上升。从逻辑上讲，这本来应该引起通货紧缩和物价下跌，而实际上却发生了经济过热时才会爆发的严重通货膨胀，每年通货膨胀率高达12%～14%。

在卡特之后，罗纳德·里根继任美国总统。为了遏制通货膨胀，他大幅提高利率。他确实很快就消除了通货膨胀，但高利率也把美元的汇率推回到1美元兑换250日元。这严重影响了美国的出口，特别是农产品的出口。但与此同时，却创造了一个史无前例的美国工业进口市场，特别是从日本的进口。根据所有的经济理论，失业率应该会大幅上升，结果却是，在里根执政期间，失业率降低到 14 年以来，也就是卡特执政前以来的最低水平。1989 年 1 月，里根总统卸任时，美国大多数地区出现了过度就业和劳工严重短缺的现象。

1985 年秋季，里根总统突然调整了经济政策。就像 8 年前卡特总统那样，他开始下调美元的汇率。里根总统的经济学家们的目标是进行微调，把价值高估的美元汇率从 1 美元兑换 250 日元下调到 220 日元。结果却是美元汇率直线下跌，6 个月后，下降到 1 美元兑换 125 日元。根据所有的经济理论，而且根据所有以往的经验，应该出现大量抛售美元的现象。持有美元的外国人，那时日本、联邦德国、中国台湾和加拿大等是美国的主要出口国和地区，它们以美元的方式累计持有了巨额的美国政府债务，本来应该通过减持美元的方式尽量降低外汇损失。相反的是，它们都用美元增购了美国国债，特别是日本。

甚至更令经济理论困惑的是，无论是从小麦到棉花，还是从石油到铜材，原材料的美元价格不仅没有上升，实际上反而在继续下跌。这意味着除了美国，按照其本国货币计算，所有其他国家的原材料实际价格下降了一半以上，对阿拉伯石油生产商、罗德西亚铜矿、丹麦黄油出口商和日本人莫如此。即使是根据过高估值的美元计算，1985 年的粮食和原材料价格也已经是很低了。美元的贬值应该立即提高美国进口商品的美元价格，但日本人的举措却是完全出乎意料，他们对美国维持了原来的出口价格。这意味着按照日元计算，他们的出口价格降低了一半。

我们所知道的所有经济理论同样都无法预测和解释日本人的行为。为了弥补在美国市场收入的下降，日本大企业大幅提高了其国内市场的产品价格。所有经济理论都认为，这一定会引起经济衰退。相反的是，这却在日本触发了历史上最强劲的消费热潮。唯一的解释是日本出现了代际变化。现在"婴儿潮"一代已经人到中年，他们在效仿西方人在物质上及时享受的观念。但从经济上讲，这种解释是无稽之谈。根据一个各学派的经济学家都已经接受的储蓄和消费理论，即"生命周期"储蓄理论，⊖代际变化恰恰应该产生相反的结果。该理论预测储蓄率上升，而非消费支出提高。

实际上，从20世纪70年代早期以来，现实和现有经济理论一直都在渐行渐远。我们知道为什么。

经济模型及其假设

经济理论首先假设主权国家控制经济。新古典经济学家的经济模型认为，个体和企业是经济的主宰者。而现在流行的经济学，即凯恩斯和后凯恩斯学派则认为，微观经济可以说是处于从属地位的"仆人"，必须根据新的主人——宏观经济的旨意行事。

其次，在凯恩斯之前，经济学家断言是商品和服务的实体经济在起控制作用。马克思称货币是"现实的面纱"（veil of reality）。而对凯恩斯和后凯恩斯学派而言，货币就是现实。只要控制了经济体中的货币数量，就可以完全控制商品和服务的行为。货币完全控制了"仆人"，即微观经济中的个体和企业。

⊖ 这一理论是弗兰克·莫迪利亚尼（Franco Modigliani）提出的，1985年，也就是之前一年，他获得了诺贝尔经济学奖。——译者注

最后，现代经济理论假设，唯一重要也是唯一存在的经济是国家经济。当然，他们也认识到了跨国经济交易，但认为可以通过管理国内经济来控制跨国经济交易。

这些似乎不言自明的假设其实都与现实完全不符。个体和企业从来都没有屈从于所谓的主人——宏观经济。从一开始，他们就成功地抵制了宏观经济的控制。微观经济中的有些事件深远地影响了宏观经济，但宏观经济中的货币、信贷、利率和税赋并没有控制这些事件，甚至没有对其产生重大的影响。而且，我们现在还有世界经济。

作为理想气体的经济

凯恩斯本人将主权国家经济比喻为物理学中的理想气体。在显微镜下，我们可以看到气体中的微小颗粒在运动，而且经常是在做激烈运动。这就是所谓的布朗运动。但运动是随机和偶然的，对气体本身并不产生影响。在理想气体中，唯一产生影响的是温度和压力，而微小颗粒的布朗运动则不会对这两者产生什么影响。类似地，个体和企业看起来好像在进行决策和采取行动，但这纯粹是错觉，是一种自我幻觉。所有个体和企业能做的只是做出被动反应。任何对抗货币、利率和信贷现实状况的行动努力都是徒劳无用的，而且是在自取毁灭。货币、信贷和利率对国家经济的作用类似于理想气体中的温度和压力。

很久以来，我们就已经知道这是完全错误的。凯恩斯假设货币的周转速度，也即个体消费速度的技术术语，是一种长期不变的"社会习惯"，可以阻止灾难性事件的发生。然而，就像奥地利裔美籍经济学家约瑟夫·熊彼特在20世纪30年代所指出的那样，证据明确显示，个体能够快速并出乎意料地改变其货币的周转速度，几乎不受经济政策的影响。事实上，过去60年来，个体和企业改变货币周转速度的能力击败了通过政府政策进行经济控制的所有努力。到了1936年，美国罗斯福新政已经极大地提高了美国消费者的购买力，但消费者选择不进行额外的消费，而是把钱储存起来。这导致了1936~1937年的经济崩溃，失业率回升到4年前罗斯福就任时的水平。个体控制货币周转速度的能力也解释了为什么卡特总统的政策会产生灾难性结果。消费者不增加消费，也就不能增加就业机会，他们把钱存了起来。在里根总统执政期间，美国消费者迅速改变了态度，开始了消费，也确实增加了消费支出。这就在很大程度上解释了为什么在巨大贸易逆差下，里根总统的政策仍然取得了成效。

面临这些现实的经济学家把问题归咎于信心。但如果要说有何政府充分提高了公众的信心，那就是罗斯福第一次执政时的美国政府。而且，现代经济理论，包括凯恩斯及后凯恩斯学派，承诺要树立和提高的恰恰就是公众的信心。

对美元汇率下跌及其造成的出口利润下降，日本制造商做出的反应是，关注第二个领域，也就是微观经济"仆人"，即个体和企业能够控制和主导的领域。是微观经济而非宏观经济决定了所谓的经济理性。经济学家把经济理性定义为"利润最大化"。但在什么期限内取得"利润最大化"？是单笔交易，如每次把汽车从丰田的名古屋工厂运输到美国，取得利润最大化？是会计年度的本季度或是另一会计期间？还是整个投资回报期，如对汽车厂而言，可能是8~10年？所有这些都符合经济理性。就像日本出口商所显示的那样，从个体和企业的角度来看，回答什么是合适期限这一问题，其实是一项主动决策而非被动反应。事实上，每个商人都会这样告诉经济学家：长期和短期目标的决策是企业高层管理者最重要、最困难和最容易引起争议的一项决策，完全不是什么早就可以预料到的结果。当然，这也是他们的岗位职责所在。就像日本经验所展示的那样，这一决策深远地影响了，事实上在很大程度上也形成了国家的宏观经济。然而，经济学家没有理论可以指导这一决策，在其经济模型中也无法纳入这一决策因素。

最后，现代经济理论没有纳入技术、创新和变革这些要素。就像他们的先辈——新古典经济学家那样，现代经济学家假设经济是不变化的，是均衡的。技术、创新和变革是外部因素。当然，经济学家知道技术、创新和变革是很重要的。他们也曾设法将技术和变革纳入其模型，但都失败了。失败的原因都是一样的：在货币政策、信贷和利率与创业、发明和创新之间几乎没有什么关联。无论是什么因素控制创业、发明和创新，都与宏观经济无关。然而，创业、发明和创新能够在很短的时间内改变经济，是它们而非宏观经济才是真正的主人。

世界经济和经济理论

因此，有效的经济理论需要对三个领域进行整合：货币、信贷和利率构成的宏观经济；对货币周转速度和现在迫切需要的经济决策期限的微观经济决策；创业和创新。

如果这还不够的话，那么还有一个新的甚至更令人气馁的挑战——跨国世界经济。世界经济已成为一个现实，在很大程度上已从国家经济中分离出来。世界经济强烈影响国家经济，在极端情况下，甚至能够控制国家经济。1981 年，世界经济控制了密特朗总统执政的法国，迫使法国在推行社会主义政策仅仅 180 天后改弦易辙。一直以来，世界经济都在严格制约宏观经济，特别是在货币、信贷和利率方面。在世界经济中，"经济理性"具有不同的含义，如经济决策的期限问题。对于某些决策，在世界经济中时间跨度是很短的，如货币或商品交易。但与贸易决策相反的是，世界经济中企业决策的时间跨度则是很长的。在 20 世纪 80 年代早期，里根总统决定提高美元的价值，美国出口商决定通过提高外国人购买美国商品的价格来维持以美元计算的利润水平。他们以月为单位来定义利润最大化。但这是错误的决策，美国人很快就失去了国外市场，两年内他们的利润水平也下降了。4 年后，日本人汲取了美国人的失败教训，决定以牺牲利润水平来维持其在美国的市场。这实际上使他们获取了最大的利润：过了两年，他们又开始赚钱了。世界市场的销售额实际上并非销售额，而是长期投资的回报。重要的是整个投资期的总体回报，这当然也是利润最大化的，但并非微观经济理论所指的利润最大化。

经济学和数学的复杂性

然而，不仅是现实挑战了我们现在必须使用的经济模型。一个对经济学基础和方法的微妙但同样具有巨大潜力的挑战正在隐然形成。

19 世纪 70 年代，法国的里昂·瓦尔拉斯通过数学模型把经济学引入了硬科学的范畴。从此以后，虽然经济学经历了无数次的变化调整和补充，但瓦尔拉斯的数学仍然是经济学的逻辑基础、基本方法及假设特征。这是一个运用19世纪物理学中的数学方法建立的机械模型。当然，在瓦尔拉斯的时代只具备这样的条件。机械模型假设统计显著性很重要，起决定性作用。现在我们已经知道，对于经济学要处理的现实世界，这是个不可靠的假设。

现代数学发展最快的领域是复杂性理论。通过严格的数学证明，我们知道复杂系统是无法预测的，受到不具统计显著性因素的控制。"蝴蝶效应"就可以很好地说明这一点。蝴蝶效应是个怪异的但在数学上可以通过实验验证的严谨定理：在亚马逊雨林中展翅飞翔的蝴蝶能够并确实控制了几个星期或几个月后的芝加哥天气。在复杂系统中，气候是可以预测的，具有高度的稳定性；天气则是不可预测的，是完全不稳定的。复杂系统不能把任何东西当作外部因素而加以排除。天气是短期现象，不具系统性，只是某种随机混乱状态。

经济学和经济政策处理的是短期现象。它们应对经济衰退和价格变化。现代经济学和经济政策假设长期性的系统是由短期的政策，如利率、政府支出、税率变化等构成的。就像现代数学已经证明的那样，对复杂系统而言，这一假设当然是错误的。这也解释了为什么"二战"以来这么多的政府政策都没有取得成效。芝加哥经济学家乔治·斯蒂格勒（George J. Stigler）是1982年诺贝尔经济学奖获得者。经过几年的潜心研究，他发现，长期以来美国政府试图控制、指导或规范经济的政策法规都没有取得成效，它们不是无效，就是适得其反。斯蒂格勒没有解释原因，但我们现在知道这恰恰是蝴蝶效应一次又一次发挥作用的结果。蝴蝶效应也是1986年和1987年日本消费热潮的唯一解释。

在任何一个像发达国家经济那样复杂的系统中，无论是统计显著性事件，还是边缘性事件，至少从短期而言，都可能成为决定性事件。根据前面的定义，我们知道它们都是不可预测和预防的。而且，即使在其产生影响之后，我们也并不一定能够确定它们。

从经济理论到经济定理

过去 50 年，特别是"二战"以来的这些年，经济学取得了巨大的发展和丰硕的成果。我们掌握了大量有关具体问题的可靠知识。例如，我们在生产效率方面有了丰富的知识，而 60 年前我们几乎还不知道这一词汇；我们掌握了大量有关工会工作规则的成本、工会限制及其对质量的影响方面的知识；我们对企业财务或定价的知识也远比 30 年前丰富。但我们没有建立新的综合理论体系，取得的成就还远远不能与 100 年前杰文斯、门格尔和瓦尔拉斯或 60 年前的凯恩斯相媲美。

尽管有非常迫切的需要，但这样的综合理论体系也许是不可能建立的，至少是不可能以科学理论的方式建立的。即使是数学初学者也知道，一个有很多部分应变量的方程是无解的。因此，建立一个真正的经济理论需要一个新的统一理论，能够预测和控制所有四个经济领域的经济行为：个体和企业组成的微观经济、民族国家构成的宏观经济、跨国企业形成的经济和世界经济。缺乏这样一个统一理论，经济学只能给我们提供具体事件的理论解释和具体问题的答案，而不能给我们提供经济理论。这是非常重要的，但最重要的是，如同 1700 年前后那样，医学放弃了寻求关键治疗过程的全能理论和治疗方案。工程学一直以来就是这样的。但这与经济学家一直在努力践行的截然不同：他们试图回到 100 多年前，按照物理学这样的真正自然科学的形式构建他们的学科。

从"天气"到"气候"

数学中新的复杂性理论提出了一个更令人烦恼的问题：能否制定经济政策？或者设法控制经济的"天气"，如经济衰退和其他周期性波动，是否注定是要失败的？

20 世纪经济学的地位之所以日趋重要，恰恰是因为其承诺能够控制"天气"。在 1929 年以前，没有政府试图这么去做，社会主流的意见也没有期望政府这么去做。但在 20 世纪 30 年代早期大萧条横扫世界之际，要求政府积极干预经济的呼声日趋强烈。凯恩斯已经为此准备好了相应的理论。他率先宣扬政府确实能够管理和控制经济，但结果并没有得到功效和安全性方面的测试验证。而在批准临床使用之前，新药则需要进行这方面的测试。

我们不大可能免除政府在经济"天气"方面的责任。选民用手中的选票来评价政府经济绩效的优劣，从而决定政治选举的成败。但我们是否需要改变政府的职能，从过去 60 年来政府作为经济的积极干预者转移到强调政府维持合适"气候"的责任？

我们可以用抗生素发明之前医生应对细菌性肺炎的方法来打比喻：保持病人温暖，让他们进行充分的卧床休息，尽量吃流质食品，使其尽可能舒适，这样就可以给相当健康的身体抵抗感染的机会。另一个比喻是现在的医生所宣传的预防措施："保持健康，降低体重，不吸烟，不喝酒。"

事实上，受到现在选民最强烈支持的政治家，已经在朝制定创造"气候"政策的方向努力，而放弃了试图控制"天气"的做法。从1979年以来，玛格丽特·撒切尔一直担任英国首相。她处理英国严重经济问题的手法很像过去医生处理肺炎的方法。联邦德国执行保守政策的时间要长于执行干预政策的时间。"如有疑问，就不要做任何事情。"这已成了德国人的箴言。自20世纪50年代后期以来，日本的经济政策也一直集中于"气候"，也就是创建和维持强劲和健康经济的合适环境。

有迹象显示，经济政策的关注点在朝创造"气候"的方向转移。我们在越来越多地谈论经济结构：生产效率、竞争能力、长期和短期管理视角、产业组合、研究的作用和组织、政企关系、合适的产业关系等。但在我们的经济理论或经济学家的模型中，都没有涉及这些关注点，经济理论中的数学方法也不能处理这些因素。即使是生产力也都是非常定性化的，以便不需要进行精确的量化测量。然而，这些才是经济现实的决定因素。它们，而非短期的周期波动，才是国家财富的决定因素。

经济学家认为的"经济学"必然是变化的。"无论是谁，只要辩论的是对工作的影响，而非对消费者的影响，就不是经济学家，而是政治家。"经济学家的俗话如是说。自从19世纪70年代现代经济学诞生以来，消费者的利益，特别是在降低价格、提高购买力和增加消费者选择等方面，一直就是经济学家制定经济政策的基石。他们排斥或至少不重视所有其他方面的观念确实是很强烈的。他们认为，关注消费者是经济学的唯一目标，任何以工作或生产的名义模糊这一焦点都会导致价格固定、垄断和无效，而这很快就会危及而非保护工作。这种观点把经济理性和消费者利益等同了起来，而凯恩斯和后凯恩斯学派的理论则极大地强化了这一观念。他们宣称，主要是消费者的购买力创造了投资、生产能力和财富。

当然，每个国家的经济政策都不会忽略工作，更不用说保护生产者的利益了。但经济理论也必须日益重视经济政策对国家或行业生产力和竞争力的影响。日本、韩国和联邦德国的经济政策是支持国家的竞争地位，通过精心考虑，把对生产者的关注置于消费者之上。这一政策取得了极大的成功，因此，我们不能对此置之不理。经济学家假设，最大化大量短期的消费者利益自然会导致长期的财富创造能力。在迅速变化和创新的当今时代，这在理性上是不太可信的。从今往后，我们越来越需要对消费者的短期关注与对生产力和竞争力的长期关注进行平衡。

理想的政策是对两者进行优化。然而，我们可以期望的最佳可行政策是对两者进行平衡，互相制约。在不显著削弱生产力和竞争力的前提下追求消费者利益；在消费者利益受到最小程度影响的情况下提高生产力和竞争力。即使是在最佳环境下，这样的政策也是很困难的，在政治上几乎是不可能的，除非有一个能够显示如何计算得失平衡的清晰理论来加以支持。我们已经说过，这样的理论必须能够把本章试图描述的技术复杂性整合进能够进行分析的简化统一模型。

但到目前为止，我们甚至还没有开始创建这样的理论。

4

第四部分

知识社会

THE NEW REALITIES

第 12 章
后商业社会

第 13 章
两种反传统文化

第 14 章
信息型组织

第 15 章
管理的社会职能及博雅技艺

第 16 章
变化中的知识基础

第 12 章 | CHAPTER 12

后商业社会

最大的变化是所有发达国家都在向知识社会转变。这一变化远比政治、政府或经济学的变化更大。我们来列举其中的一些重要特征。

- 社会的重心已经转向知识型员工。所有发达国家正向后商业社会，即知识社会转变。在发达国家，要想找到好的工作和职业发展机会，越来越需要有一张大学文凭。从某种角度来看，这是一种长期演变的自然结果：我们从挥汗如雨的体力工作转变到产业工作再转变到知识工作，但发展也意味着需要与过去果断决裂。一直到最近，一般的工作都不太需要多少知识。知识只是装饰品，而非必需品。在19世纪，美国只有一位商业创始人——伟大的金融家摩根先生受过高等教育。但他是大学的辍学者，他在哥廷根大学学过数学，没有毕业就到一家小银行当实习生。在19世纪，其他杰出商业人士很少有人上过中学,更不要说中学毕业了。但在20世纪,知识工作开始迅速扩展。美国的人口从1900年的7500万发展到现在的2.5亿,是原来的三倍多。㊀大学教师则从20世纪初的不到1万人,其中大多数都在小型教会学校任教,增加到80年后的50多万人。其他类型的知识型员工,如会计、医生、医疗技术人员、各种分析师、管理者等,也在以类似的速度增长。其他发达国家的发展趋势与美国基本一致。

- 未来社会,知识和教育是获取理想的工作和职业发展机会的通行证。向这样的社会转型,意味着我们从商业是个人发展的主要途径这样的社会,向商业只是个人发展的机会之一,而不再是独特机会的社会转型。这意味着我们在向后商业社会转型。这样的转型,要数美国和日本走得最远,但大多数西欧国家也处于这一转型过程之中。

- 即使是在"二战"后的这几十年里,尽管大学学生人数剧增,知识迅速成为经济的基础和真正的"资本",但在发达国家获取理想工作和工作安全的最便捷途径并非教育,而是在17岁时进入有工会组织的大批量生产工厂当一名半熟练的工人。一年后,通常还会更短些,在发达国家(只有日本除外),这位工人赚的钱多于有大学文凭的人期望在未来15年或20年间能够赚的钱。除了政府公务员和享有终身教职的教师,在工作15年或20年后,这位半熟练大批量生产工人甚至比大学毕业生享有更高的工作安全保障。但现在,社会的重心正向知识型员工这一群体转移。他们有

㊀ 指20世纪80年代末的美国人口。——译者注

新的价值观和期望。在20世纪前75年，制造业的蓝领工人在收入和社会地位方面都取得了最引人瞩目的提高，但现在他们正在开始成为"另一半"（other half）和"社会问题"。他们正在成为"反正统文化"的群体而非社会"主流"。无论产业工人的自身组织——工会能否生存下去或在多大规模上生存下去，工会都正在成为一个社会问题。

- 在美国，另一"反正统文化"的群体正在兴起。这就是非营利、非政府组织的第三部门，它们的员工是没有报酬的志愿者。
- 管理已成为社会的核心功能和新的独特人文学科，但这也引发了管理合法性的问题。组织正向新的形式转变，正在成为信息型组织。
- 知识已成为发达经济体的资本。知识型员工群体建立了社会的价值观和规范，他们最终会影响我们对知识的概念，以及如何学习和传授知识的方法。

商业取得了巨大成功

40年前，"二战"结束后不久，对无论哪里的知识分子而言，"商业"都是个肮脏的词汇。即使在美国，名列前茅的大学毕业生也对企业工作不屑一顾，而是争取进入政府部门或到大学任教。现在，祖母给中学毕业的孙子的礼物是最新的商业畅销书，而非《圣经》。福音派教会的牧师，虽然可能自认为是反商业的，但已如会计师那样熟悉现金流分析，经常会在个人电脑上做这样的分析。他会去上短期管理课程，学习如何维持信仰方面的创业精神，因为所在教区的信徒迅速增加，他是他们的"首席执行官"。装饰时尚杂志封面的不再是衣着暴露性感的模特,而是成功"骗取"亿万资金的恶意收购者的照片。

"二战"以来的这段时间,流传的都是成功的商业故事。这在20世纪30年代或"二战"期间是很难想象的事情。"二战"以来的40年间,生产和生产力、世界贸易和世界投资都得到了前所未有的快速发展。商学院一度是高等教育体系中的寒酸部门,在最受人尊敬的高等教育机构中备受公开的嘲笑奚落。而在这40年间,世界各地的商学院得到了迅猛的发展,已经成为世界各地大型大学的最大院系。即使是牛津大学,现在也已设立了商学院,并强调其管理研究的特色。

这一成功恰恰是因为作为独特文化的商业受到削弱,虽然削弱的程度可能并非很严重。所有组织,如政府机构、军队、教会(至少在美国)、医院、博物馆和男童军等,已具备管理意识。事实上,在很大程度上,它们将自己的发展和在美国产生的影响归功于采纳了管理和领导方法。但这些组织还是把管理视为履行自己使命的工具,并尽量将自己与商业组织(即企业)区别开来。在某些情况下,这些组织甚至采取了营利组织的法定形式,以便更好地履行非营利组织的功能。商学院把名称迅速改为管理学院,以强调它们教授的商业概念和商业技能同样适用于任何有组织、有目的的社会活动。当然,事实上也确实是这些社会活动所需要的。与此同时,真正的商业组织不再坚信和献身于其持有的商业价值观。

在迅速工业化的国家和地区,也就是正从发展中向发达转型的国家和地区,商业社会仍在蓬勃发展。在圣保罗、新加坡、中国香港都可以看到这一趋势。在中国内地,我们也可以看到这一趋势。1985年邓小平讲"致富光荣",150年前有个发达国家也说过同样的话,就是法国波旁王朝的国王路易·菲利普（Louis-Philippe）。美国的亚洲移民，如泰国人和越南人等，其商业活动非常活跃。他们大量移民到南加利福尼亚，创建家庭式杂货店、有民族特色的餐馆和投币式自动洗衣店，赚钱让他们的子女上大学，成为医生和律师。如果戈尔巴乔夫能够成功恢复苏联的经济活力，商业社会当然也会在那里兴起。

在发达国家，商业取得了巨大的成功，我们日益能够满足一直认为是非商业，事实上是非经济的需要。在20世纪，商业已极大地提高了创造财富的能力。在主要发达国家，创造财富的能力至少提高了20倍；在一些发展中国家，如韩国、巴西或西班牙，创造财富能力的发展速度甚至更快。在这些创造财富的能力中，不到1/3投入到了物质商品（material goods）的生产中。在扩大的财富创造能力中，有一半是用来增加休闲时间的：在稳步提高收入的情况下，缩短工作时间。现在美国工人一年的工作时间是1800小时，而在20世纪早期，一年的工作时间是3300小时。日本缩短工作时间的幅度与美国类似。一年的工作时间，从20世纪早期的3500小时，缩短到现在的2000小时左右。欧洲削减的幅度则更大，特别是联邦德国的每年工作时间已经缩短到不超过1500小时。

在增加的财富创造能力中，另外1/3则投入到了医疗保健。在50年间，这方面的支出已从不到国民生产总值的1%上升到8%~11%（国家之间有差异）。投入正式教育的费用也在以几乎一样的速度增长，从国民生产总值的2%上升到10%~11%；在正式的教育体系之外，还有越来越多的各种教育培训活动，特别是就业机构开展的教育活动。因此，国民生产总值中投入教育的比例要远高于官方报告中的10%。休闲、医疗保健和学校教育需要商品，而这些商品并非精神性商品。新的休闲时间很少用来开发智力。更多的休闲时间花在了观看"达拉斯"和体育活动之类的电视节目上。还有，大家认为，休闲、医疗保健和教育都不是用来满足经济需要的。这意味着价值观已与商业社会有了很大的不同。这也表明我们处于这样一个社会中：经济的满足只是手段而非目的，因此商业只是工具而非生活方式。

资本家的式微

商业成功的一个结果是，发达国家"资本家"在经济上几乎已变得无关紧要了。与"一战"前相比，资本家的经济和政治权力都受到了极大的削弱。"一战"前，如约翰·洛克菲勒（John D. Rockefeller）、摩根（J. P. Morgan）、安德鲁·卡内基（Andrew Carnegie）和阿尔弗雷德·克房伯（Alfred Krupp）等商业巨头，能够而且确实也都用自己的资金为整个行业融资。他们确实都是马克思所讲的拥有和控制生产资料的资本家。根据1988年9月9日《财富》杂志公布的数据，今天美国最富有的1000名富人的全部财富甚至不能满足美国一个主要行业几个月的资本需要。现在，通过建立自己的退休基金，员工倒成了资本家。在经过通货膨胀和税收调整后，确实没有什么人的财富可与1900年的商业巨头相提并论，即使是最奢侈的石油酋长（oil sheik）或最富有的日本房地产大亨也是如此。如果发达国家的所有超级富豪突然消失，世界经济甚至可能都不会注意到有什么影响。现在只有媒体的闲话栏还会报道他们的行踪，财经版面一般不理会他们的情况。他们在经济上已经变得无关紧要了。

资本家权力的衰退速度与其经济重要性类似。在1907年，如果摩根提出购买股票，就足以阻止股票市场的恐慌。在1922年，煤炭和钢铁巨头胡戈·斯廷内斯（Hugo Stinnes）单独对德国政府的政策施加影响，导致整个国家陷入极度的通货膨胀之中。但现在的商人甚至做梦都不敢想象这样的事情，因为他们知道他们没有这样的权力。与19世纪末20世纪初相比，发展中国家资产没收和违约拖欠的情况已经非常普遍，但炮舰外交的情况并没有愈演愈烈。在20世纪70年代，左翼人士在欧洲、美国特别是拉丁美洲发表文章指责美国政府阴谋推翻智利的阿连德政府，以防止美国人所有的智利电话公司被政府没收。公司确实极力促使尼克松总统进行干涉，但没有如愿以偿。1973年，阿连德政府被军事政变推翻，但美国政府还是拒绝帮助美国公司取回被没收的资产。

从1890年至"二战"期间，企业是华盛顿最强有力的政治游说团体，即使是在反商业的政府执政期间也是如此。在"二战"后，工会，当然它们关注的也是企业问题，成为华盛顿和所有发达国家首都最强有力的压力团体。现在，最强有力的团体则是美国退休人员协会（AARP），有1500万会员，他们持有庞大的退休基金，确实是美国各行业中拥有最大产权的单一集团。但他们并没有把自己当作企业，并不太关注影响企业的重大问题，也没有什么共同的企业价值观。

知识型员工和企业

很大数量的知识型员工，也许是大多数，仍将在企业里或为企业工作，但他们的状况与以往的老板或工人截然不同。他们是员工，但从退休基金的角度而言，他们同时也是唯一的真正资本家。他们确实有"老板"，因此是"下属"。他们中许多人都有自己的下属，因此他们自己就是"老板"。而那些还处于组织底层的知识型员工，当然希望迟早成为班组长或部门主管。此外，他们还是专家。他们的专业领域可能很狭窄，但在专业领域，他们比老板懂得更多，而且他们也知道这一点。无论在组织中处于多低的层级，在专业领域，他们都比老板精通。因此，知识型员工是同事和合作伙伴，而非下属，必须按照这种方式对他们进行管理。

马克思认为，资本具有流动性。在这一点上，资本与土地和劳动力等其他生产要素是不一样的。资本会流向回报最高的地方。现在，在发达经济体中，知识已成为真正的资本。知识型员工知道，即使他们的知识并非很高深，也可以让他们有流动的自由。在20世纪80年代，美国企业进行了大量的重组，很多一直在一家企业工作的管理者和专业人士突然发现自己失业了。一开始，他们感到非常震惊。但不久，这些失去工作的管理者和专业人士，即使已经50多岁了，发现自己还是能够找到新的工作，在很多情况下，甚至比原来的工作还好。是他们的知识使其有了流动的自由。这是美国知识分子，特别是年轻人得到的一个教训，他们永志难忘。无论是地理学家、数学家、产业工程师、电脑程序员、文字处理秘书，还是人力资源培训师、会计、护士和销售人员，他们现在都知道自己不依赖任何雇主。实际上，每个组织都在某些方面需要他们，每个人的知识都有许多用途。

越来越多的知识型员工有两个职业生涯。在辛苦工作了30年后，钢铁厂的工人准备退休。工作了30年后，无论在生理还是心理上，知识型员工仍精力充沛。这时候，他们感到厌倦了，大多数人在很久前就已经在工作岗位上走到了尽头。他们已经赚够了退休金，到65岁就可以领取了。孩子已经长大，住房抵押贷款已经付清。他们准备开始第二个职业生涯。他们也许会正式早退；也许不会再去找份有薪工作，而是去为非营利组织做志愿者，这在美国非常时兴。也可能会对原来的工作做些调整，更多的人还是做原来的工作，只是换个环境。例如，原来在一家小公司做审计员的会计师，到一家当地医院做审计员，或到当地教堂做业务经理。对所有这些人而言，他们工作的组织并不重要，重要的是他们的知识和技能。他们的雇主是不是企业对他们并不太重要。在一两年里，他们可能会在一家医院、当地的政府部门、咨询公司或其他企业工作。无论是从事管理还是石化工程，担任X射线技术员还是税收分析师，在他们的工作中，对他们最重要的是知识领域。"我在一家企业工作，但我不是商人。""我是位市场研究人员。"我一遍又一遍地听人这么说。

新的职业选择

在19世纪和20世纪早期，要摆脱贫困无望的社会底层，商业几乎是唯一的途径。专业工作机会很少，如果有的话，一般也只是富人的孩子才会有这样的机会。在发展中国家，现在的情况仍然如此。然而，在发达国家，商业的成功已经创造了大量的职业发展机会，企业只是其中的一种而已。即使在英国，其教育体系一直以来都是社会流动性的阻碍因素，而非促进因素，而现在，教育为社会底层提供了获取知识工作的机会。

在 19 世纪，几乎没有社会流动的渠道。跟着父亲犁田的儿子一般也都子承父业，大多数都在田间用双手劳作一辈子。家境不富裕的年轻妇女一般都去做家政服务。19 世纪创造的企业工作堪称解放者。在西奥多·德莱塞（Theodore Dreiser）1900 年的小说《嘉莉姐妹》（Sister Carrie）中，极为传神地描绘了 20 世纪之交的美国画面。也许还不到 16 岁的年轻女孩在服装厂当缝纫工，或者在冷酷无情的商业大都市芝加哥当推销员，她对未来的职业发展不抱任何幻想。然而，这些工作可是她逃避中西部农场的唯一机会。她在那里的农场长大，知道农场生活繁重乏味，极为贫困，生计艰难无望。25 年后，在德莱塞的《美国悲剧》（American Tragedy）中，工厂工作仍然是命运不济的女主人公罗伯塔（Roberta）逃避同样贫穷无望的农场的唯一途径。

1913 年，英国最大的单一职业群体是家庭佣人，其中大多数是妇女。到了 1914 年，男人都参战去了，因此妇女离开了家政服务业，进入军工厂工作。每个人都知道，战争结束时，她们会迅速离开"撒旦工厂"，重新回到舒适的家政服务行业。在那里，友善的女主人会照顾她们的，但事实上很少有人回去。不管工厂工作多么艰辛，但比佣人的薪酬可高多了。在工厂，她们的工作时间是固定的。"一战"期间，每天工作 8 小时，其余时间都归她们自己支配。而在家政服务业，她们得等女主人参加聚会回来，可能要等到凌晨 3 点钟。

工厂的工作或销售人员并没有太多的机会上升到中产阶级。然而，无论哪里，虽然很少，这些却是唯一的机会，而农场的雇工则永远是雇工。1889 年，德国的戈特利布·戴姆勒（Gottlieb Daimler）向市场推出了第一辆汽车。他和美国的亨利·福特一样，刚开始从业时也都当过工人。实际上,早期的汽车制造商,还有19世纪的其他制造商,无不如此。19世纪的大多数银行家和大商人开始时也都是贫穷的职员。上层社会,如英国、普鲁士和法国的贵族及牧师等,对商业既百般阻挠又轻蔑鄙视。他们怨恨和害怕社会流动,而商业会让太多的社会底层人士很快忘乎所以,忘记了自己的身份。

实际上,绝大多数工人和职员的生活状况是很艰辛的:工资很低、工作时间很长、劳累又不安全、住在鼠害成灾贫民窟式的廉价公寓。在19世纪,无论是在曼彻斯特、格拉斯哥、波士顿,还是柏林、维也纳、布拉格、布鲁塞尔和巴黎,就像德莱塞小说中的嘉莉和罗伯塔那样,成千上万的人涌入企业打工。企业工作虽然很不舒服,但还是向社会上层流动的一大步,也是他们唯一的渠道和机会。

但在20世纪80年代,嘉莉姐妹的曾孙女,即使聪敏、进取心和天赋远不如德莱塞小说中的女主人公,也会先从当地的中学毕业,然后进入州立大学申请一份丰厚的奖学金,继续深造。4年后,她就会有很多的选择。当然,她可能会选择从商,但起点是管理实习生。如果她只有曾祖母一半的精明和管理才能,5年内,她会成为副总裁助理或高级销售员。当然,现在这位曾孙女在大学毕业时可能也会直接从事艺术职业,嘉莉姐妹最终也走上了这条道路。她可能会成为电台播音员或回到她毕业的中学从事音乐和表演教学。德莱塞小说中的罗伯塔的孙女,她的聪敏程度和进取心远不如嘉莉,但温柔、善良、体贴,可以选择当护士、理疗师、幼儿园教师或工厂人事经理。当年,为了挣一份微薄的工资,她祖母在那里费力地缝制散发臭味的潮湿皮革手套。

对没有大学文凭的人而言,到企业当工人或职员仍是最好的工作机会。在可以预见的未来，企业还会是教育程度较低人士的最大雇主，但这些企业工作不再有100年前的那种发展机会了，它们已经成了发展的绝路。现在，如果没有大学工程或MBA学位，戈特利布·戴姆勒和亨利·福特也不会有很多晋升高层的机会；现在的著名金融公司不会聘请大学辍学生摩根了。现在没有大学文凭的人能够获取的工作，和100年前类似。在发达国家，他们的薪酬待遇、工作和生活条件，甚至比100年前特权人士的工作和生活条件要好得多。但现在，这样的人是"失败者"，他们缺乏智力水平、进取心和毅力。知识型员工之所以是"优胜者"，恰恰是因为企业工作只是他们的选择之一。他们是优胜者，因为他们可以选择。

因为他们是知识型员工，所以他们不需要忠诚于任何雇主或组织。对电脑专家而言，是为百货公司、大学、医院，还是政府机构或股票经纪人工作，这并不重要；重要的也不是薪酬，而是设备的先进性和任务的挑战性。财务分析师、理疗师、人事经理、冶金学家、销售员、平面设计员、当地艺术画廊的助理业务经理也都如此。这些人对商业并没有敌意，事实上，他们根本没有什么这方面的意识。他们甚至可能热爱商业，会研究管理问题，珍惜商业的挑战性，但他们的首要问题一般不会是"是否对企业、医院或博物馆有利"，而是"是不是专业工作"。当然，他们知道，而且大体上接受，专业技能必须适应雇用组织的使命、需要和要求，但这日益成为需要考虑的次要而非首要问题。事实上，大多数知识型员工，特别是企业的知识型员工，认为这是高层管理者的事情，而非他们的本职工作。即使在大教堂，如音乐指挥、青年工作部或青年婚姻部主管之类的专业人士，也都倾向于认为自己首先是音乐家、青年工作者或婚姻咨询顾问,而牧师只是第二位的。这是对的,也是适当的,或至少是不可避免的。如果不重视专业技能,知识型员工就做不好工作。

因此,在知识型员工的价值体系中,企业价值观是次要的,甚至是可能会影响其业绩的障碍。即使在知识型员工并不占多数的组织里,它们也越来越多地设立这样的规范和标准。事实上,任何发达国家都面临的一个挑战是(这在美国已是非常迫切的问题了):如何维持对经济绩效的承诺。这是每个发达国家为了维持竞争力都需要的一种承诺。我们应该如何维持整个经济中知识型员工的专业价值观和单一企业的传统商业价值观的要求,如生产效率和利润水平的平衡?

这些方面的发展,美国走得最远,其他许多发达国家也已经开始了。只有日本还没有思考这些问题,特别是老一辈企业主管。但即使在日本,这也是不可避免的,这些都是知识的内在特征。随着知识成为经济的核心资源,社会必然会进入后商业社会,也就是知识社会。

CHAPTER 13 | 第 13 章

两种反传统文化

在所有发达国家中,知识型员工正在迅速成为社会潮流的引导者,但知识社会也存在反传统文化。在商业社会崛起成为主导阶层的产业工人正在沦为"另一半",是人口中 50% 左右受教育程度不高、无法获取知识型工作的代表。到目前为止,第二种反传统文化仅在美国出现:非营利、非政府组织的"第三部门"。在美国劳动力队伍中,无偿的志愿者是最大的单一群体。这些"第三部门"的组织具有独特的精神气质、独特的价值观,并做出了独特的贡献,它们正在创建积极有效的公民社会。

蓝领工人的兴衰

20 世纪急剧的社会变革是史无前例的。在发达国家,家庭佣人几乎已经绝迹了,而有史以来,他们一直是每个社会的重要社会阶层。即使

20世纪发达国家农业产量的增速超过其他行业，但农民人数的迅速下降已是个不争的事实。现在，农民已是人口中的少数。1000年来，从事耕种农业和畜牧业的农民创造了人类文明。但20世纪最重大的事件并非这些传统阶层的式微，而是产业工人的兴衰。

在早期社会主义者第一次确定产业工人是个新现象时，他们对无产阶级兴起的预测，还只是预言而非确认。1848年卡尔·马克思和弗里德里希·恩格斯撰写的《共产党宣言》，虽然是其中最著名的，但也只是一种预测。然而，到了1925年，制造业中的蓝领工人已经成为最大的男女单一职业群体。25年后，到了20世纪50年代，蓝领工人及其工会组织已成为每个发达国家的主导政治力量。但到了20世纪70年代早期，产业工人开始迅速衰弱：先是在劳动力中所占的比例下降，然后是人数减少，最后是政治力量和影响力下降。他们的式微速度甚至比崛起更快。到2010年，也就是再过20年后，在发达国家，他们在整个劳动力中所占的比例将会下降到5%~10%，与现在的农民类似。这意味着他们的组织——工会——很可能生存不下去，工会的传统角色和形式必定难以为继。

似乎矛盾的是，推动产业工人迅速崛起的内在力量最终也导致了他们的式微：知识。对包括马克思在内的所有19世纪经济学家而言，工人显然只有更努力工作或延长工作时间才能提高产量。美国人弗雷德里克W. 泰勒（Frederick W. Taylor）做了件前人想都没有想过的事情：他把体力工作当作一件值得研究和分析的事情。泰勒证明了提高产量的实际潜力的方法是更明智地工作。泰勒的科学管理不仅极大地提高了产出，而且还在增加工人工资的同时，降低了产品的价格，因此扩大了对产品的需求。只在雇主先大幅提高工资——有时甚至提高到原来的三倍——的情况下，泰勒才会为工厂提供咨询服务。如果没有泰勒，产业工人的数量还会继续快速增长，但他们势必会成为马克思所讲的受剥削的无产阶级。因此，到工厂打工的蓝领工人实际数量并没有增加，而从收入和生活水平上看，有越来越多的工人成了"中产阶级"和"资产阶级"，他们的生活方式和价值观也变得越来越保守。

20世纪70年代以来蓬勃发展的是知识运用的下一步，即把分析和系统应用到生产过程本身中去，其实质并非机械化或自动化程度的提高。在20世纪80年代，通用汽车公司明白了这一道理。在此期间，通用汽车投入了300亿美元的巨资研发机器人，但员工人数和成本并没有明显降低，质量也没有很大改进。自动化生产的本质是围绕信息组建的系统，而一旦设计建立了这样的系统，对体力工作的需要就会大幅下降。生产重心就会从体力工人转移到知识型员工，特别是在制造业尤其如此。这一过程创造的中产阶级工作远远多于失去的蓝领工作。从总体而言，这一过程增加的工作机会可与过去100年来创造的高薪蓝领工作媲美。换言之，我们并没有面临经济问题，也没有造成社会分化或新的阶级斗争方面的很大危险。即使是受到这一转型打击最严重的群体，如美国黑人、英国约克郡的钢铁工人、德国鲁尔区的煤矿工人和钢铁工人，他们几乎每个人也都有兄弟姐妹、叔叔阿姨接受了良好的教育，成了知识型员工。

然而，一个非常时期毕竟过去了。在此时期，只要加入工会，无论是否具有相应的知识或技能，都能够上升到富裕的中产阶级。现在，大量和越来越多受过良好教育的工薪阶层背景的人成为知识型员工，但这只会使没有受到良好教育的人的情况更加恶化。受教育程度较低的人日益会被同时代更成功的人，甚至本身是弱势群体成员的人，如受过良好教育的美国黑人，视为失败者、落伍者、低能者、二等公民和有问题的人，总而言之，是劣等人。这不是钱的问题，而是尊严问题。

无论什么社会，因受教育程度低而不能胜任知识型工作的人都是很多的。例如，在美国，20世纪80年代末40岁以下的年轻劳动力中，只有1/4具有大学文凭。另外1/4在中学毕业后受过技术培训，因此也能够做知识型工作，如护士和法律文秘、时尚买手、平面设计师、电脑技术员、牙科保健专家及成百上千的其他知识密集型职业。所有这些人都已经学会了如何学习的方法，因此能够利用美国教育系统提供的继续学习机会。他们具有较高的社会地位，能够获取很多的发展机会。但还有一半的美国劳动力无法胜任知识型工作，而在欧洲，特别是英国，这一比例则要高得多。事实上，我们还有很多非知识型工作没人去做，但问题是社会地位、认可和自尊。因此，我们确实需要有人尽可能高效并有尊严地去做非知识型工作，其中很多通常不需要多少技能。其中最需要的是把知识应用到这些工作中，如扫地、铺床叠被或帮助年老的残疾人士生活自理等。有两个大型的建筑维护和家政服务公司，一个是丹麦的公司，另一个是美国的公司，它们在世界范围内成功地开展家政服务业务，由没有受过教育的员工来做这些非技术性工作，他们及时高效并有尊严地完成了这些工作；美国的几个大型医院也在做同样的事情。这些只是刚刚开始而已，但它们确实证明了这些工作能够完成，事实上也确实需要有人去做。

19世纪的人相信，资本家是资本主义宠爱有加的长子。大多数人现在还相信这一点，但我们很早就知道这是不对的。资本家比资本主义要早得多。产业经济的真正产物是产业工人，他们一直是现代经济宠爱的孩子及主要受益者。产业经济让他们在经济收入、社会地位和政治权力上成为中产阶级，而不需要很高的技能或很多的知识，而且甚至还比以前的劳动者的工作轻松得多、工作时间少得多。现在他们成了"另一半"，但我们无法承担他们成为继生子的负担。

工会还能生存下去吗

工会与产业工人一起崛起，是产业工人自己的组织。现在，工会也正与产业工人一同走向衰弱。工会究竟还能否生存下去？工会也许是20世纪最成功的组织。1900年，在大多数国家，工会还是非法或几乎不能容忍的组织。到了1920年，它已成为受人尊敬的组织。25年后"二战"结束时，它已成为主导性组织。现在，工会处于抱残守缺和混乱不堪的状态，显然已难挽颓势，正在走向衰弱。工会成员正在迅速流失，而其力量则消失得更快。在不久前的1974年，英国煤矿工人工会还能够把英国保守党政府赶下台。玛格丽特·撒切尔接任了被煤矿工人击败的保守党领袖。仅仅10年后，她就果断地制服了煤矿工人的下一次罢工，受到了公众的强烈支持。从此以后，英国贸易工会流失了1/4的会员。在此期间，美国的工会流失了2/5的会员。在私营部门，工会会员只占工人总数的15%～16%，比20世纪30年代后期工会势力上升之前的比例还低。在其继续坚持罢工之际，里根总统强硬地解散了美国空中交通管制员工会，此举甚至得到了美国工会会员的强烈支持。在日本，即使是最强大和最激进的工会也不能阻止日本国有铁路的私有化,因此工会遭到了彻底的瓦解。在意大利和法国,工会成员的数量及工会力量同样在迅速下降,而联邦德国的工会也已开始走下坡路了。

这有几个解释。工会能够提供的服务比以往少多了。实际上,在发达国家,工会支持和主张的都已成为法律,如缩短工作时间、加班工资、有薪假期和退休金等。工资基金是国民生产总值中用以支付员工的部分。在所有发达国家中,现在这部分占总值的比例已超过80%~85%。这意味着工会会员不可能得到更高的工资了。在大多数年份,雇主给员工缴纳的退休基金已经大幅超过股东的利润。

工会领袖素质的不断下降也是个原因,而且不应低估其重要性。在"二战"前,对工薪阶层家庭的年轻人而言,能升任工会领袖职位是其最好的机会。现在,无论是全日制的还是夜校性质的,有抱负的年轻人都上大学去了。4年后,他们就可以做管理实习生。另外,工会的公众形象已经急剧恶化。现在,工会的形象已经不再是反对强势和傲慢的管理方的弱势群体保护者了,反而有越来越多的人认为工会太傲慢和太强势。然而,工会衰弱的最大原因则是劳动力的重心从制造业的蓝领工人向知识型员工的转移。没有产业工人作为工会的核心力量,就不会有劳工运动。

我们对工会已经很习惯了,因此我们就不会注意其独特之处。管理在社会组织中是不可缺少的,但工会则并非如此。1933年,德国组建了规模最大、最受人尊敬并显然是最强大的工会。但希特勒对工会进行镇压时,它并没有进行抵制反抗。没有工会,既没有对希特勒控制国家,也没有对纳粹德国的工业生产和战斗士气产生什么影响。

选 择

有三个方向可供工会选择。如果工会无所作为，即使在自由民主的社会，它也可能消失。工会也可能会萎缩，成为可有可无的组织。英国、意大利和法国工会似乎在朝这一方向演变，美国的大多数工会也是如此。

第二个选择力求维持工会的现状，即通过控制政治权力结构，迫使政府立法强制推行工会会员制度，使工会有共同决策权，可以对企业管理层行使否决权。这可能是个理性的选择。德国、荷兰和北欧的工会似乎选择了这一方向。公元1400年后，封建骑士及其后裔虽然已经没有什么社会作用了，但他们还是通过这种方式保持了500年的权力和特权。但那时候封建骑士还控制着军队，因此具有强大的军事力量。与其类似的是现在社会的决定性投票权，但工会已经丧失了这一力量。

第三个选择是工会重新思考它的作用。工会可以根据社会器官的自我定位，把自己重新改造成为就业机构：关注人类的潜力和成就，对人力资源进行整体的优化。工会还有一个角色：代表员工反对管理层的愚蠢、武断和滥用权力的行为。但这并不是一种敌对关系，而是类似北欧"调查官"的角色。工会可以与管理层一起改进生产效率和产品质量，共同维护企业的竞争力，从而保障会员的工作和收入安全。这似乎有点不太现实，但这正是日本工会发挥作用的方式。当然，因为日本雇主承诺保障"终身雇用"式的工作安全，这才使其变得切实可行。全美汽车工人联合会（UAW）现在还是美国产业工会中最激进的工会之一。但非常令人惊讶的是，它已经开始克服内部的重重阻力，慢慢地朝这样一种激进的方向转变，重新确定自己的政策、行为和定位。通用汽车公司和福特汽车公司现在都建立了管理层和工会的联合委员会，目的是削减工会的工作规则与提高生产效率和产品质量。这些工会规则是美国产品成本高和质量差的主要原因。当然，这需要企业一方承诺保障工会会员的工作安全。日本汽车制造商丰田、尼桑、本田和马自达在美国所建的工厂，要么根本就没有什么工会，要么工会合同并没有对工作进行限制和制定工作规则。如果没有日本汽车制造商，这些情况就根本不会发生。因此，全美汽车工人联合会别无选择。有好几年，通用和福特也许会诱导工会回到原来的自我毁灭政策。另外，美国工会也在重新思考工会的角色和作用。美国地方学校的董事会都很害怕和厌恶美国教师联合会（American Federation of Teachers）及其提高教师工资和教师治校的要求。然而，这一激进好斗的工会组织也要求教师对学生的学习成绩负责，薪酬与教学业绩挂钩，解雇教学业绩低下的教师，而不是无条件地保护工作任期。

必须承认，到目前为止，这些只是初步的迹象而已，并没有呈现出强劲的发展趋势。但无论是体力工人、文职职员还是知识型员工的工会，如果不把向世界经济和知识社会转变当作机会的话，它还能够生存下去吗？

通过第三部门建设公民社会

知识社会中另一半的反传统文化是一种社会地位和生活方式，而到目前为止只发生在美国的另一反传统文化则是一种价值观。它是非企业、非政府的人类改造组织，也就是第三部门这一非营利组织的反传统文化。

在20世纪50年代，美国似乎与其他发达国家完全脱节。美国推行资本主义和自由企业，而其他发达国家走的是社会主义和计划经济的道路。35年后，其他发达国家也都变成了美国曾经奉行的资本主义，甚至是社会主义国家也都在谈论私营企业、股票市场、生产力和利润。在许多方面，如产品责任、新药的审批程序、环境限制及银行金融业的规制等，现在的美国甚至更像个中央集权论者，对自由企业的开放程度不如其他许多发达国家。

但与此同时，在第三部门的成千上万非营利、非政府组织的稳步增长方面，美国与其他国家，无论是发达国家还是发展中国家，自由市场还是计划经济，都已很不一样。这些组织包括大部分美国医院、很大部分中小学和甚至更大部分的大专院校；包括大型国际慈善组织和规模巨大的国内组织，如美国红十字会，在全美有数以千计的分会和100万志愿者；包括许多纯粹地方性组织，如社区福利基金（community chest），在美国每个城市和县都有支持性地方慈善团体；或如数以千计的上门送餐服务，志愿者为病人和老人送去热腾腾的中餐；包括大型全国医疗保健团体，如美国心脏协会、美国肺脏协会和美国心理健康协会等；包括大量社区服务团体：救世军、女童军（现在每四个美国小学女生就有一个加入）、男童军或城市联盟（the Urban League）等；⊖包括美国各种教会组织，从拥有1万多教区居民的教堂到只有25位会员的秘密宗教集会；包括无数文化团体，如数以百计的交响乐团和形形色色的博物馆等。这些组织的运行主要是靠会费、自愿捐款而非税收支持，它们是独立的

⊖ 美国黑人城市居民的有效服务组织。——作者注

组织,由自己的志愿者组成的董事会管理。然而,在美国,甚至许多税收支持的组织和政府行为也像第三部门那样运作,如公立中小学、州立大学和社区大学等。在欧洲或日本,这样的组织机构大多数是由中央政府控制和经营的。在美国,虽然有政府资助或税收支持,但它们大多数都是自主经营的,它们编制自己的预算,通过当地选举产生的董事会挑选管理人员进行管理。

在其他国家,也有第三部门的组织。它们在英国教育系统中占据了制高点(commanding heights),如预备学校、公立中小学和两所著名的大学——牛津大学和剑桥大学。在英国,也有非传统的教会。在日本,有私立大学、私立医院,其中许多是由基督教传教士创建的。传教士也在韩国建立了独立的教会组织和教会学校,但欧洲基本上没有这样的组织。即使是在英国、日本和韩国,这样的组织也往往局限于不多的几个任务。而在美国,这样的组织则是普遍存在的。它们各自履行其独特的社会功能。它们是反传统文化的,独立于政府和商业部门之外,与其有不同的价值观和文化。

虽然统计数据没有显示其劳动力数量和产出,但第三部门实际上是美国的最大雇主。在美国9000万成年人中,每两人中就有一人在第三部门做志愿者工作,其中大多数人还有份有薪工作。这些志愿者的贡献相当于750万人一年的全职工作。如果要计算薪酬的话,他们应该得到1500亿美元的年收入。当然,他们分文未取。第三部门在很大程度上解释了为什么美国的税收低于欧洲。实际上,美国在公共和社区方面的支出是很高的。但很大一部分,高达国民生产总值的15%左右并没有通过税收的途径支出,而是通过会费、保险费、慈善捐献和无偿工作的方式直接流向非政府的第三部门组织。

然而，很少有人认识到第三部门的规模，更不要说其重要性了。事实上，甚至很少有人意识到其存在。当然，大家确实知道教会，美国的大多数人还是教会会员。大家确实知道医院、基督教青年会、童子军、联合之路（United Way）和地方性博物馆等，但很少有人知道除了请求募捐，这些组织还有何共同点。直到最近，第三部门组织本身的看法也变得世俗了，认为教会是一回事，医院是另一回事，而童子军则又是不一样的。但现在情况发生了变化：现在这些组织确实知道，即使各自具有不同的使命，它们还是履行一项共同的职能。

现在，这些组织越来越多地认为自己是"独立部门"，而非第三部门。但即使是独立部门还是会引出这一问题：这些组织究竟履行什么职能？最普遍使用的定义是它们既非政府也非企业。然而，这是个误导性的定义。这一定义只对税收人员有意义：某一医院是"非营利"和纯粹地方性的，是如美国许多天主教和路德教医院那样的非营利组织系统的单位，还是如美国医疗公司（Hospital Corporation of America）或哈门那公司（Humana）那样的商业性组织的单位。这从医院的运行、行为和活动方面来看，并没有进行什么区分。在这样的一所医院工作的员工通常不知道雇主是营利性的还是非营利性的。教授和学生也都不关心某一大学或学院是私立还是州立的。

非营利、非商业、非政府都是否定性的。然而，我们不能用否定性词汇来进行定义。那么，这些组织究竟是做什么的？最近我们认识到，它们有个共同点：它们的目的是改造人类。医院的产品是康复的病人；教会的产品是改变了的生活；救世军的产品是把社会遗弃的人改造成为公民；⊖女童军的产品是有价值观、技能和自尊的成熟青年女性；红十字会在和平时期的目的是帮助受到自然灾害打击的社区恢复自立自理的能力。这是改造人类的能力。美国心脏协会的产品是能够自我保健的中年人，践行在饮食起居方面进行预防性心脏保健，如不抽烟、少喝酒、多锻炼等。

"人类改造组织"是个合适的名称。每个发达国家都在履行大多数这些职能，但基本上是通过政府这一集权化的组织履行大多数这些职能的。美国的独特之处是，这些职能是由地方性社区履行的，绝大多数都是独立自主的地方性组织。

第三部门的发展

在美国，以不同的组织形式履行人类改造组织的任务，只是其重要特征之一。第三部门的发展也非常迅速，特别是在过去的10～15年。20世纪80年代，它一直是美国社会发展最快的部门。同样值得注意的是其成长的方式：在效果和规模上都取得了同样的发展。

我们随便举几个例子。有个教会医疗保健连锁机构，有很多大型下属医院和养老院（nursing home）。在过去的10年间，其营业收入增长了1/3。而在此期间，美国大多数医院的收入都在大幅下滑。在大多数医院经营亏损的情况下，该连锁机构保持了盈亏平衡。与此同时，这家连锁机构的医院稳步改进了医疗和护理方面的绩效。美国女童军是世界上最大的妇女组织。在1978～1988年，学龄女孩的人数几乎下降了1/5。尽

⊖ 救世军是帮助不同种族和信仰的最贫困者的组织。——作者注

管如此，女童军还是设法将成员人数保持在350万左右。因此，女童军大幅增加了市场渗透力度。在佛罗里达州，无论在什么时候，第一次被判刑坐牢的犯人维持在2.5万人左右。现在，这些犯人都获得了假释，由救世军进行监护。这些罪犯是危险人物，大多数都是贫穷的黑人或西班牙裔，都有两三次前科，如果被关进监狱，其中3/4的人会成为惯犯。然而，救世军把3/4的假释犯改造好了。

并非所有第三部门的组织都做得很好，第三部门也有业绩不良的组织。各种宗教组织，无论是自由派、正统派、福音派，还是其他教派，教会的会员人数和参加集会的人数一直在大幅减少。但无论是基督教还是天主教，正统派还是福音派，牧者型教会（pastoral church）的会员人数和集会出席人数则在迅速增加。这一教会组织集中于服务教区居民及其家庭，满足他们的需求，解决他们的问题。大约在1970年前后，牧者型教会教区居民人数超过2000人的教堂不到5000个。到了20世纪80年代末，教堂数量增加了三倍，达到了2万个，仅它们聘请的不付酬志愿者人数可能就超过了100万。

现在，美国人收入中用于自愿捐款的比例并没有比前些年高，因此我们不能用收入提高来解释第三部门的成功，其成功主要基于生产力的大幅提高。第三部门组织，或至少其中的很大部分，提高了资源利用的效率。第三部门的发展主要是管理取得的成就。

我们前面提到过的天主教医院集团，就践行了管理学教科书讲述的理论。它把变化当作机会，积极推进变革创新：让外科、眼科和康复中心独立经营。但这绝不是在设有医院的每个城市让其下属的保健中心独立运行，而是利用康复中心解决问题，也就是在半空的医院设置康复病床，尽量把病人从医院转移到康复中心，从而使康复中心能够赚钱。

女童军在人口特征发生变化时看到了机会。她们根据需要抚养孩子的已婚工作女性的需要，相应调整了计划项目和活动方案。她们看到了美国女孩的职业理想在迅速变化，并把这些变化转变为机会。她们开始积极招聘少数族裔，如黑人、西班牙裔和亚洲人，请少数族裔的孩子和母亲参与一向被认为属于白人中产阶级的活动。15 年前，女童军主要是白人孩子，而到了 1987 年，在女童军中，小学年龄的黑人女孩与白人女孩已经一样多了。

自从 125 年前成立以来，救世军就一直工作在大城市的贫民区，帮助走入歧途的年轻人避免犯罪，但收效甚微。后来通过运用一项管理工具——有组织的放弃（organized abandonment）——使救世军发生了变化。"根据我们现在已经知道的情况，如果我们在贫民区不能预防犯罪活动，我们现在还会继续这样做吗？"救世军问了这一问题后，它就意识到答案是"不"。救世军投入了大量的时间、人力和努力，但"投资回报"接近于零。问了这一问题，就明白了为什么它们的行动没有成功。在被抓住并宣判有罪前，贫民区有犯罪倾向的年轻人不愿意接受救世军的开导劝诫。他们都会这么想："我会侥幸逃脱惩罚的。"被捕后又获得了假释，而这只会印证了他们的这一想法没有错。但在年轻人被关进监狱后，即使是短期服刑，也太晚了。坐牢的经历会使他们的精神受到严重的创伤和腐化。有个时间很短的机会之窗，也就是被抓住并被关在监狱里，但还没有服刑前。他们受到了足够的惊吓，但还没有受到腐化。

牧者型教会的成功其实是市场营销的成功。它们问："谁是我们的客户？""什么东西对他们很重要？"于是，它们看到了一个实际的机会：受过良好教育的年轻人没有去教堂。

上述每个案例中所采取的行动措施,都可以从管理教科书中学到。必须把机会置于问题之上,这就是上述医疗保健集团取得成功的关键。这一道理其实是不言自明的。⊖女童军所做的只是分析人口统计特征。救世军则运用了组织放弃。牧者型教会所做的在每本营销学教材中都可以找到:研究潜在客户,也就是那些本应成为客户但还没有成为客户的人。

取得成功和发展的第三部门非营利组织也运用了内部管理知识技能。它们设法改进了董事会的管理成效。很多组织现在一般都会这样问潜在的董事会成员:"如果您加入我们的董事会,我们可期望您做出什么样的贡献?""您会做什么样的具体工作?"它们制订了工作计划,并以此来定期评估董事会的业绩。它们践行目标管理的方法,推行得比大多数企业还彻底。无论付薪与否,如女童军或救世军之类的非营利组织都会要求员工明确其负责岗位的绩效和贡献。然后,根据这些绩效目标对他们进行定期评估。对于那些没有完成绩效目标的员工,无论是否领取薪酬,都不能继续留在岗位上。要么转移到能够完成绩效目标的工作岗位上,要么委婉但果断地要求他们离开岗位。为了做到这一点,第三部门组织对员工进行了大量的培训工作。现在,很多组织让所有员工定期参加培训活动,上至首席执行官,下至最新进来的志愿者,每个人在其专长的领域担任培训师,而在其他领域则是学员,接受培训学习。总而言之,越来越多的第三部门组织正在将其关注点从"良好的动机"(崇高的事业)转向绩效和责任。

⊖ 例如,可以参见拙著《创新与企业家精神》,由纽约 Harper and Row 出版公司和伦敦 Heinemann 出版社于 1985 年出版。

不再有"志愿者"

经营良好的第三部门组织已经没有了志愿者,而只有无偿的员工。某一大型牧者型教会有12个牧师,分别管理1.3万名会员及其社区,但只有160名领薪的员工。教会会要求参加集会的新会员在几个月后成为无偿的员工,对其进行全面培训,并分配具有明确绩效目标的具体任务,对他们的绩效进行定期评估。如果没有很好地完成任务,就会要求志愿者调到更容易的岗位上或辞职。救世军严格管理佛罗里达的2.5万名假释犯,但只分配160名有薪的员工对假释犯进行监管。这些员工的任务是监督和培训志愿者,并处理各种危机。监管假释犯的工作实际上是由250~300名志愿者做的。在日趋萎缩的市场中,女童军之所以能够维持会员数量,主要是因为志愿者人数的大幅增加:从60万人增加到73万人,许多新加入的志愿者是至少目前还没有孩子的职业女性。她们希望在非常女性化的环境中一周待几个晚上并和孩子们共度周末。她们之所以愿意加入,正是因为工作是专业性的,她们需要一周花几个小时接受培训或对新手进行培训。

事实上,在第三部门的组织中,无偿的员工正在承担越来越多以前由领薪的专业人士做的工作。

天主教悉心守护牧师的特权,在这方面,没有其他组织可以与其相提并论。随着美国天主教牧师人数的下降,天主教在美国一直在快速衰弱,因此可能需要撤并许多教区。但有个中西部的教区,即使其牧师人数只有20年前的一半,但对社区提供的服务却增加了一倍。它的140个牧师负责做祷告、弥撒、听忏悔、施行洗礼和坚信礼、举行婚礼和葬礼,而其他所有事情则由2000名非神职人员来做。要求他们每周至少工作几个小时，还需要再花两三个小时参加培训活动。根据绩效目标，每个非神职人员一年接受两次绩效考核。"简直比美国海军新兵训练营还糟糕。"有位无偿的员工如是说。然而，很多志愿者还在排着长队等待进入呢。

总而言之，第三部门组织不仅在践行管理理论（在某些情况下，甚至比美国企业还要严肃认真），而且它们还正在成为管理的创新者和先行者。

反传统文化的第三产业

美国第三部门组织正在迅速成为社区新纽带的创建者和跨越知识型员工与另一半之间日益扩大的鸿沟的桥梁。它们正在创建一个卓有成效的公民社会。现在，我们听到了很多有关如小城镇的家庭或社区之类分崩离析的传闻。除了日本，所有发达国家的传统社区正在走向式微，但第三部门组织正在创建社区的新纽带。例如，已经退休的工薪阶层人士和年轻的知识型员工一起做志愿者工作：在救世军一起做的是挽救年轻的犯人，在美国心理健康协会的各地分会一起做的是设计方案和培训领导者。女童军在旧城区对黑人妇女做出的贡献，可能比她们对黑人孩子的贡献更重要些。这些黑人妇女正在成为社区的领袖，她们学习技能、树立榜样、获取尊重认可和社会地位。事实上，除了黑人教会，在美国的男童军和女童军这两个童子军组织中，相比其他任何组织，有更多的黑人担任领导职务。在童子军中，他们是种族融合组织的领导者。这些组织存在于美国社会，而非其他种族隔离的社会。

第三部门组织更重要的作用，也许是为志愿者创建卓有成效的公民社会。由于政府的规模和复杂性方面的原因，在许多方面其直接参与几乎是不可能的，因此，只能由第三部门这一人类改造组织，来为志愿者提供个人发展成就方面的平台，如个人行使权力影响、承担责任和进行决策等。非营利组织期望越来越多的企业管理层，特别是中层管理者加盟董事会，在决策岗位上提供服务。在主流社会的政治文化中，无论个人受过多么好的教育、多么成功、多么有成就或多么富有，都只有投票的权利和纳税的责任，他们只能是消极被动的。而在反传统文化的第三部门，他们是积极主动的公民。

这可能是第三部门最重要的贡献。而到目前为止，只有美国取得了这方面的成就。

因为具有美国的形态特征，第三部门组织只能在美国的土壤中茁壮成长。没有其他国家具有美国这样的边远地区传统：互相隔离的社区迫使成员共同努力、独立自主，多元化的自治性教会独立于州政府和联邦政府之外，因此必须依靠其教会会员。欧洲的文化，甚至是关系密切的拉丁美洲家庭，都不能培育这种社区。只有历史截然不同的日本传承了类似的社区传统：就业组织的家族化——把深受汉文化影响的封建家族的纽带转变为政府机构或商业组织的现代形式。

知识社会具有社会流动性，存在成为无根社会的威胁，存在日趋式微的另一半，农村和小城镇那种密切人际关系的瓦解及其狭隘的视野，所有这一切都需要重建社区，自由选择和建立新的纽带关系。这就需要建立一个个人通过服务成为主人的社会。这也需要建立一个不是基于消极自由的社会，也就是既没有人干扰也没有人管理秩序的社会，而是积极参与和承担责任的社会。

CHAPTER 14 | 第 14 章

信息型组织

今后 20 年内，典型的大型组织，如大型企业或政府机构，其管理层级至少将减少到现在的一半，而管理人员数量则将不会超过现在的 1/3。其组织结构、管理问题和关注点，将会与 1950 年前后的制造型企业截然不同，而我们现在的教科书却仍然将其视为规范。未来的大型组织很可能类似于现在的管理实践人士和管理专业学生不太关注的那些组织，如医院、大学和交响乐团等。与其类似的是，企业，其中包括政府，将日益成为知识型组织，主要由专家组成，这些专家将通过组织的同事和客户的系统反馈来管理和控制自己的绩效。也就是说，未来的大型组织将是信息型组织。

除了成为信息型组织，大型组织将别无选择。其中原因之一是，人口统计特征引起了这一转变。就业的重心正从体力工人和职员向知识型员工迅速转移，而知识型员工抵制命令-控制型管理模式。这种管理模式是 100 年前从军队中借鉴过来的。另外，经济学也揭示了这一变化趋势，特别是大型组织对创新和创业的迫切需要。但最重要的是，信息技术需要这一转变。

即使没有先进的数据处理技术，人们也可以建立信息型组织。我们在后面将会看到，还在用羽毛笔书写信息和赤足信使传递信息的时代，英国人就在印度创建了这样的组织。但在先进的技术越来越普及之际，组织必须用信息进行分析和判断决策，不然，它们就会被自己产生的信息所淹没。到目前为止，大多数计算机用户在使用新技术来更快地处理他们以前一直在处理的常规数据。然而，一旦组织开始尝试把数据转化成信息，其决策过程、管理结构和工作方式就会开始转变。在全世界范围内，这一过程正在迅速向前推进，特别是大型跨国企业更是如此。

我们来看看计算机技术对资本投资决策的影响。很长时间以来，我们就已经知道不能只用一种方法来分析建议的投资项目。要理解投资项目，我们至少需要六个方面的信息：预期收益率、费用支出和投资的预期收益期限、整个投资收益期限的收益现值、不进行投资或延后投资的风险、投资失败的成本和风险、机会成本（即不同投资方案的收益）。每位学会计的学生都知道这些概念。但在计算机数据处理技术出现之前，实际的分析需要好几个员工一年的工作量才能完成，而现在使用计算机分析软件则只要几个小时就能完成。因此，信息技术使资本投资分析从缺乏证据支持的粗略评估，转变为精确全面的诊断决策，也就是对各种不同的假设进行理性的权衡。信息使资本投资决策从运用数据进行投机性的财务决策，转变为根据各种不同战略假设的概率所做出的业务决策。因此，决策一方面预先假设了某一业务战略，另一方面又挑战了这一战略及其假设。过去的预算分析变成了现在的政策分析。

当组织将其数据处理能力集中于产生信息时，受到影响的第二个方面是组织结构。几乎很快就可以明确的是，管理层级和管理人员的数量可以大幅裁减。组织可以清除既不进行决策也不进行领导的所有管理层级。这些管理层级的主要功能，如果不是唯一功能，就是在传统的前信息型组织中，传递或人为地放大用来进行交流的漫无目标的模糊信号。在探讨高层和运行管理者需要什么信息来做好工作时，美国最大的一家军工承包商发现了这一点。他们问：信息从哪里来？以什么样的形式？如何流动？他们在寻找这些问题的答案时很快就发现，在总共14个管理层级中，有6个层级是完全没有存在必要的。其之所以存在，主要是因为以前没有探讨过这些问题。该公司产生了大量的数据，但一直在运用其大量的数据进行控制而非用来形成信息。

信息是具有相关性和目的性的数据。因此，把数据转化成信息需要知识。知识的定义是专业化，事实上，真正有知识的人倾向于高度的专业化，因为总是有很多知识需要掌握。信息型组织总体上需要的专家远比我们习惯的命令－控制型组织结构多。此外，专家在运行部门而非组织总部做业务工作。业务型运行部门由各种专家组成。信息型组织需要集中处理业务性工作，如法律咨询、公共关系、人力资源和劳工关系等。但对服务性员工的需要在急剧萎缩，所谓服务型员工也就是如提供建议、咨询和进行协调等没有直接业务责任的人员。信息型组织在进行集中管理时几乎不需要什么专家。

大型信息型组织的结构是扁平化的，因此它会更像150年前的组织而非现在的大型企业或政府机构。然而，150年前的所有组织知识都是最高层的管理者掌握的。在政府部门是部长大臣及其秘书掌握的；在企业，即使是大型企业，也只有几个合伙人和部门主管，其余的都是帮手。这些帮手几乎都做相同的工作，并按照要求行事。在信息型组织里，知识主要是在底层，储存在专家的脑子里。这些专家做不同的工作，有高度的工作自主权。而现在的典型组织，知识往往集中在介于高层管理人员和运行人员之间的服务型员工那里。这是很不稳定的。因此，可以将其归类为这样一个过渡阶段：努力从高层获取知识，而非从底层获取信息。

因此，信息型组织的工作方式是截然不同的。传统的组织部门是标准的监控者，是进行培训和给专家安排工作任务的中心，而未来的工作将主要由任务型团队完成。这一变化已经在企业研究中践行了。在以前企业的各方面工作中，研究往往是最明确的。而现在，无论是制药、通信还是造纸行业，传统的研究程序，即研发、制造和营销，正逐步被各职能领域同步进行这一方式所取代：从研发、制造和营销所有这些职能部门抽调专家组成团队，全程负责从开始研究到产品上市的所有环节。而这可能会成为完成知识型工作的模式。我们已经在大学研究中看到了跨学科团队的兴起。即使在军事部门，传统的固定型指挥结构，虽然在战争情况下是绝对必要的，但现在也开始组建专门的任务型团队来完成特殊的工作，以此来补充传统的组织结构。

我们必须根据具体情况来确定任务型团队的工作安排、成员构成和领导方式。因此，正在变化发展的这种组织势必会突破传统的模式，甚至可能会与之截然不同。无论如何，有一点是明确的：信息型组织需要自我控制，强调个人要对互动关系和交流沟通负责。

一 些 先 例

现在来描绘未来信息型组织的结构图也许为时过早。但我们已经有一些早期的其他类型的信息型组织可以作为线索来进行探究，如医院、交响乐团和英属印度殖民政府等。

有个相当规模的美国医院有 400 张病床、几百名主治医师、1200～1500 名护理人员，划分成大约 60 个医务和辅助医务专业。每一专业都有自己的知识、培训方式和语言。每一专业，特别是如检验和理疗等辅助医务专业，主管都是在职专家而非全职管理人员。每个专业的主管都直接向高层管理者汇报工作，因此几乎没有什么中层管理人员。大量的工作是由专门的团队负责完成的，而这些团队是根据本人的诊断结果和具体状况组建的。大型交响乐团甚至更具启发性。在某些现代交响乐团，数百名音乐家同台演奏，根据组织理论，应该有几个乐团副指挥，也许还需要六个专业副指挥。但实际上只有一个指挥，而每个音乐家都是高级专家，直接根据指挥的要求演奏，没有任何中层管理人员。

成功的大型信息型组织甚至可以完全不需要任何中层管理人员。这方面的最佳例子是英属印度殖民政府。从 18 世纪中叶到"二战"，英国人统治印度次大陆长达 200 年。在此期间，英国人没有对组织结构或行政管理政策进行根本性的调整。英属印度殖民政府人员从来没有超过 1000 人，却有效地管理了幅员辽阔、人口稠密的印度次大陆。现在已经独立的印度政府雇用了 2200 万文职人员。相对于这一人数，英属印度殖民政府当年的人数比例则更低。当时，特别是在早期，大多数英国人都很年轻，30 岁已经算是很老了。大多数人居住在边远地区的哨所，与最近的乡民都相距一两天的行程。在英属印度殖民政府统治的前100年间,既没有电报也没有铁路。

组织结构完全是扁平的。每位地区官员直接向首席运行官,也就是省政治秘书(political secretary)汇报。因为一共有9个省,因此每位政治秘书大约有100名直接下属,这是管理学中控制跨度允许人数的很多倍。但无论如何,在很长时间里,系统一直运行得相当好,这主要是因为系统设计确保了每位成员都能够获取做好工作所需要的信息。地区官员每个月都会花一整天的时间撰写一份详尽报告,向省城的政治秘书汇报,他在报告中讨论每个主要任务。总共只有四项主要任务,而且每项都非常明确:预防土著在种族和宗教冲突中互相残杀;镇压盗匪活动;保证分配的公平诚实;评估和征收税费。他详细记录每项任务的预期情况、实际发生情况,如果两者之间有偏差,就解释出现偏差的原因。然后,针对下个月的每项任务,他撰写预期情况、采取的措施,询问有关政策方面的问题,评估长期的机会、威胁和需要。然后,政治秘书为每份报告撰写备忘录,也就是对每份报告进行详细的评价,并寄回给每个地区官员。

有何要求

根据上述例子,我们能够总结出信息型组织有何要求,可能会有什么管理问题。

几百名音乐家和一名指挥之所以能够一起演奏,是因为他们有统一的乐谱。乐谱告诉长笛手、鼓手和指挥等演奏什么、谁来演奏、什么时候演奏。医院的专家都有共同的使命：照顾和治疗病人。诊断书就是他们的乐谱。诊断书明确指出了X光实验室、饮食学家、理疗师和医疗团队的其他成员应该采取什么样的具体行动措施。换言之，信息型组织需要明确简单的共同目标，并把目标转化为具体的行动。然而，与此同时，信息型组织也需要集中于一个或最多几个目标。

因为信息型组织的演奏者都是专家，没有人告诉他们应该如何做好工作。可能没有什么交响乐指挥能够摆弄法国长号，更不要说教号手如何吹号了，但指挥知道如何运用号手的技能和知识来为乐团的共同绩效做出贡献。这就是信息型组织领导的关注点。但企业和政府部门却都没有可供演奏的现存乐谱，它们的乐谱需要边演奏边谱写。无论是第一流的还是蹩脚的交响乐演奏，都不会在演奏过程中去改变作曲家撰写的乐谱。无论是企业、政府机构还是军队组织，虽然乐谱是绩效评估标准，但在其实际"演奏"过程中需要不断地创作新的和不同的乐谱。因此，信息型组织必须围绕目标来构建组织结构。目标明确了整个组织、每个部门和每位专家的绩效期望。信息型组织必须围绕有组织的反馈——对期望目标和实际结果进行比较——来构建组织，以便每个成员都能进行自我控制。

信息型组织的另一要求是，每位成员都需要承担提供信息的责任。在每次演奏时，交响乐团的巴松管吹奏者都是这么做的。医生和医辅人员使用精心设计的报告系统，设在住院部的护士站是这一系统的信息枢纽。在每次撰写报告时，英属印度殖民政府的地区官员也是在履行这一责任。执行这一系统的关键是组织每个成员都需要问："在组织中，谁需要我来提供什么样的信息？"然后是："我需要谁来提供什么样的信息？"

上级和下属一般都需要问这些问题。然而，最重要的是同事，相互之间主要是合作关系。例如，内科医生、外科医生和麻醉师就是这样一种关系；生化学家、药理学家、负责临床试验的医学总监和制药企业的营销专家之间的关系也是如此。这些组织都要求每个成员提供最充分详细的信息。

大家都越来越理解需要承担为其他人提供信息的责任，特别是在中型企业，但很多人仍疏忽承担获取自己需要信息的责任。信息型组织中的每个人都经常需要悉心考虑：要做好工作、做出贡献，自己需要什么信息？这很可能与现在企业的做法截然不同，即使是电脑化程度最高的企业也是如此。现在企业的员工仍然假设他们获取的数据越多，掌握的信息就越充分，但这是过去缺乏数据时极为有效的假设。因为现在的数据已然很多，所以这一假设只会导致数据过多，而又找不到真正需要的信息。也许大家会认为信息专家知道什么样的数据可以为管理人员和专业人士提供真正需要的信息。但信息专家只是工具制造者，他们可以告诉我们使用什么工具把装饰钉敲进椅子里，而我们必须由自己来决定是否需要装饰椅子。因此，管理人员和专业人士需要仔细思考他们需要的是什么信息，也就是他们需要什么数据：首先需要知道他们正在做什么；然后需要确定他们应该做什么；最后还需要评估他们做得如何。只有这样，现在非常流行的管理信息系统部门才能够成为成本控制中心，而非结果控制中心。

因此，政府机构、企业、工会和军队，甚至是大型学区和大型教区，必须改变原来的习惯做法，采取新的措施。越是成功的组织，在这一转变过程中就会越困难和越痛苦。这会威胁组织中很多人的工作、地位和机会，特别是人到中年、长期为组织工作的中层管理人员，他们最不愿意变革，因为已经非常习惯于现在的工作、地位、关系和行为。

问　题

信息型组织面临很多新的管理问题，我认为其中非常重要的是：

- 为专家制定薪酬、考核体系和职业发展机会；
- 创建专业型组织的共同愿景；
- 设计任务型组织的管理结构；
- 确保高层管理者的来源、培养和考核。

一般来说，除了本行业的职业发展，巴松管演奏者既不希望也不应该做其他任何事情。他们的职业发展机会是从二流成为一流巴松管演奏家，从二流的交响乐团转到薪酬更高、声誉更好的交响乐团。类似地，除了做好本行业，医疗专家同样既不希望也不应该做其他任何事情。他们的职业发展机会是很有可能成为高级技术专家，而成为实验室主任的机会则很少，也许是1/30，但他们也有机会转到收入更高的大医院。除了在三年任期之后调到其他不同地区，英属印度殖民政府的地区官员实际上并没有其他任何职业发展机会。信息型企业专家的发展机会应该比交响乐团或医院更多，更不用说英属印度殖民政府的文职工作了。但在这些组织，他们主要的机会是专业发展，当然这种发展也是有限的。发展成为管理人员则是例外，简单的理由是，相对而言，中层管理岗位是很少的。这一新现实与传统组织截然不同。除了研究型实验室，传统组织的主要发展途径是脱离专业成为一般管理人员。

30多年前,美国通用电气公司通过为专业人员提供平行发展机会来解决这一问题。许多企业效仿这一方法。但大多数专业人员拒绝这一解决方案,和管理人员一样,他们一般都认为晋升为管理人员才是唯一有意义的发展机会。实际上,所有大型组织的现行薪酬机制基本上都在强化这一观念,其薪酬都向管理职务大幅倾斜,即使是天主教教区也是如此,更不用说企业、政府机构或军队了。这一问题很难解决,我们也许可以借鉴一下法律事务所和咨询公司的做法。在这些组织中,即使是最资深的合伙人,一般也都是专家,而不能成为合伙人的成员早就走人了。无论采取什么措施,只有大幅改革大型组织的薪酬机制才能最终解决问题。

管理层面临的第二个挑战是为专业型组织建立共同的愿景和全局观念。英属印度殖民政府期望地区官员对所辖地区形成全局观念。为了使之关注全局,19世纪殖民地政府建立了很多职能部门,如林业、灌溉、考古服务、公共医疗卫生和交通部门,但这些部门都独立于原来的行政管理体系之外,与地区官员几乎没有什么联系。然而,这日益孤立了地区官员,使之无法参与对其下属地区经常会有极大影响且非常重要的活动。最后,只有省政府或德里的中央政府才有全局观念,但也只是日益抽象化的全局观念。按照这种方式,企业、政府机构和医院都不能进行有效管理。它们需要全局观念,需要很多专业人士,特别是需要高级专家来共同关注全局。然而,如果仅仅是由于缺乏晋升为中级管理人员的机会,他们的激励就必须来源于这种自豪感和专业精神,我们也就必须接受甚至支持鼓励专业人士的自豪感和专业精神。当然,培养这种全局观的一条途径是参与跨职能的任务团队。信息型组织将会更频繁地采用小型自治型部门,给他们分配足够的工作任务,使之各尽其能,充分发挥潜力。但信息型组织应该在多大程度上让绩效卓越的专业人士进行轮岗？高层管理人员应该在多大程度上优先考虑通过跨专业的轮岗培训建立和维护共同的愿景？

高度依赖任务型团队缓解了这一问题，但又加剧了另一问题：信息型组织的管理结构。谁是管理者？他们是任务型团队的领导者吗？即是否会成为双头怪物：一个是专家型结构，类似于医院的医疗职能结构，另一个是任务型团队领导的管理结构？我们面临的有关任务型团队领导的角色和职能的决策充满风险和争议。他们的工作是类似于医院护士长的永久性任务吗？或者只是随着任务改变而改变的暂时性工作？是工作任务，还是职位安排？是否存在层级高低之分？如果是这样的话，任务型团队的领导者是否迟早会成为典型的大型消费性产品企业的产品经理——管理的基本单元和组织的现场管理人员？任务型团队的领导者也许最终会取代部门主管和副总裁。

在这些发展趋势中，每一种都存在一定的迹象。但到目前为止，既没有出现明确的趋势，我们对每一趋势的相关情况也没有很多的了解。然而，每种趋势都将产生不同于我们熟悉的组织结构。

高层管理者从哪里来

最困难的问题是高层管理者的来源、培养和考验。当然，这是个非常重要的老问题了，也是过去 40 年大型企业普遍接受分权理论的主要原因。现在的组织有大量的中层管理职位来培养和考核管理人员。因此，高层管理职位出现空缺时，有大量的候选人可供挑选。然而，在中层管理职位大幅裁减的情况下，信息型组织的高层管理者从哪里来？如何进行培养？如何进行考验？

对自治性部门实施分权管理必然会越来越重要。大型企业可以效仿德国的集团公司（Gruppe），将分权管理的部门设立为准独立的企业，有自己的高层管理者。德国人之所以使用这一模式，恰恰是因为他们传统上都从专业人员中提升管理人员，特别是研究和工程人员。如果不能把专业人员安置到近乎独立的下属企业，他们就几乎没有什么机会培养和考验最有发展潜力的专业人员。因此，这些下属企业有点类似于美国职业棒球大联盟俱乐部的棒球分会。

我们也可能会发现，越来越多的大型企业高层管理人员来源于规模较小的企业。这是大型交响乐团招聘指挥的方式，年轻的指挥在小型乐团或歌剧院得到历练之后，就有机会被大型乐团聘为指挥。大型医院的主管通常也有类似的职业发展途径。企业是否可以效仿交响乐团和医院的做法，让高层管理成为独立发展的职业，分别由音乐指挥专业和医疗管理学院来培养乐团指挥和医院院长。在法国，大型企业通常是由一直在政府部门工作的人士来经营的，但在大多数国家，组织很难接受这一点（只有在法国，"精英大学"⊖具有神秘色彩）。但即使在法国，没有实际成功经验的人越来越难以管理企业，特别是大型企业。因此，整个高层管理过程——培训、考验和接任——将会日益成为更严重的问题。这也许是在向信息型组织转变过程中将面临的最困难问题。

⊖ grandes ecoles，精英大学，直译为大学校，是法国对通过入学考试来录取学生的高等院校的总称。只有优秀学生可以进入精英大学预科，经过两年的专门培养，再参加竞争激烈、淘汰率高的竞考，通过者才可根据成绩双向选择，进入某一精英大学。——译者注

CHAPTER 15 | 第 15 章

管理的社会职能及博雅技艺

19世纪50年代卡尔·马克思开始撰写《资本论》(Das Kapital)时，世人还不知道管理和管理者经营的企业是怎么回事。当时最大的生产型企业是英国曼彻斯特的一家棉纺厂，雇用的工人还不到300人，而老板就是马克思的朋友和合作者恩格斯。恩格斯的棉纺厂是当时最赚钱的企业之一。在他的工厂里，并没有什么"管理者"，只有"工头"（charge hands）。㊀工头其实也是工人，只不过负责管束少数几个"无产阶级"同事而已。

在人类历史上，管理的兴起及其产生巨大影响的速度几乎是无与伦比的。在不到150年的时间里，管理已经极为深刻地改变了世界发达国家的社会和经济结构。管理创建了全球经济，为平等参与全球经济的各国设立了新的规则。当然，管理本身也在与时俱进。然而，很少有管理

㊀ 即负责人。——译者注

者能够认识到管理所产生的巨大影响。事实上，就像莫里哀戏剧《贵人迷》(*Le Bourgeois Gentilhomme*)中的人物乔丹，不知道自己说话平淡乏味，很多管理者也都几乎没有意识到自己在践行或错误地践行管理活动。因此，他们都没有做好准备应对现在面临的巨大挑战。管理者面临的真正重要问题既非来源于技术或政治方面，也非来源于管理和组织外部，而是管理本身的巨大成功所引起的问题。

当然，管理的基本任务还是一样的：建立共同的目标、共同的价值观和合适的组织结构，为了取得成效和应对变化而对员工进行必要的培训和发展，从而使他们能够取得卓越的绩效。但这一任务本身的含义已经发生了变化，因为管理促进了劳动力结构的深刻变化，从非熟练劳工主导向受过良好教育的知识型员工主导转变。

管理的起源和发展

在 80 年前"一战"刚拉开帷幕时，就有几位思想家开始意识到管理的存在了。但即使是在最先进的国家，也很少有人所做的事情与"管理"有什么关系。而现在劳动力队伍中占总数 1/3 以上的最大单一群体，是美国人口普查局所谓的"管理和专业人员"，管理是这一转变的主要驱动力。管理解释了为什么我们能够在人类历史上，第一次大规模地利用知识丰富和技能娴熟的人员开展卓有成效的工作。以前的社会都无法做到这一点。事实上，以前的社会只能供养少数这一类的人员。不久以前，还没有什么人知道如何让具有不同知识和技能的人一起来实现共同的目标。同一时代的西方知识分子非常羡慕 18 世纪的中国，因为中国给知识分子提供的工作机会比整个欧洲还多，每年大约有2万个工作机会。现在的美国人口与当时的中国差不多，而每年的大专院校毕业生接近100万，他们几乎都很容易找到高薪工作，是管理促成了这些工作机会。

知识，特别是高深的知识，一般都是专业化的，但知识本身并不能产生任何东西。然而，一个现代企业，不仅是规模最大的企业，能够雇用高达1万名知识渊博的员工，涉及多达60个不同的知识领域，各种专业的工程师、设计人员、营销专家、经济学家、统计学家、心理学家、计划人员、会计师和人力资源管理者都可以在一家合资企业一起工作。如果没有高效的管理，任何人都不能顺利取得成效。如果要问这两者——过去100年教育的爆发式发展和将知识运用到生产实践中的管理——何者是因何者是果，其实并没有什么意义。一方面，如果没有发达社会创建的知识基础，就不会有现代管理和现代企业；另一方面，管理，而且只有管理，才能使所有这些知识和知识分子取得成效，这也同样重要。管理的兴起将知识从社会的装饰品和奢侈品转变为经济的真正资本。

如果让时间回到1870年，在当时的企业领导者中，并没有多少人能够预测到这一发展，当时大型企业刚刚开始成形。原因当然是缺乏远见卓识，但更重要的是缺乏先例可循。在当时，唯一长期存在的组织是军队。因此，指挥-命令型结构自然就成为组建横跨大陆的铁路、钢铁厂、现代银行和百货公司的模式。在指挥-命令型模式中，少数几人在顶层发号施令，绝大多数人则在底层接受命令。近100年来，这一模式一直都是企业运作的规范。然而，虽然这一模式已经存在了很长时间，但绝不是静止不变的。恰恰相反，随着各种专业化知识投入企业，这一模式很快就开始变化了。1867年，德国西门子公司聘请了大学培养的第一位制造业工程师弗里德里希·冯·赫夫纳－阿尔滕耐克（Friedrich von Hefner-Altenec）。在5年内，他建立了一个研究部门。其他专业部门也随之纷纷建立。到"一战"时，制造企业已经形成了标准职能：研究和工程、生产制造、销售、财务和会计，还有稍后的人力资源（人事）。对企业和整个世界经济产生更重要影响的则是这一时期发生的另一管理导向的发展，那就是将管理应用到体力劳动的培训方面。培训是战争时期的必然产物。在过去40年，培训推进了世界经济的转型，因为培训可使低工资的国家做好传统经济理论认为绝不可能做到的事情：几乎在一夜之间成为低工资、高效率的竞争对手。亚当·斯密认为，一个国家或地区需要用几百年的时间，才能形成生产和销售某一产品（无论是纺织品还是小提琴）所需的传统劳动力和体力劳动专业知识及管理技能。然而，在"一战"期间，必须马上将大量缺乏技能和产业经验的人转变为高效的工人。为了满足这一需要，美国和英国的企业开始把"科学管理"应用到对蓝领工人的大规模系统化培训中。科学管理是泰勒在1885～1910年研究出来的管理方法。他写的《科学管理》一书对此进行了简要的阐述。这些企业对工作任务进行了分析，然后将其分解成多个不需要多少技能便能很快掌握的简单操作工序。在"二战"期间，培训得到了进一步的发展。战后，日本人引进了培训方法；20年后，韩国人也采用了培训方法。培训奠定了日本和韩国取得惊人发展的基础。

在20世纪二三十年代，制造型企业的更多领域和方面都运用了管理方法。例如，企业通过分权整合了规模经济和小型灵活的优势，把大规模和小规模的优势都结合到了一起。会计从簿记发展到成本的分析和控制；计划从 1917～1918 年设计发明的甘特图发展到战时生产计划；分析逻辑（analytical logic）和统计学的运用也是如此，运用数理方法将经验和直觉转化为定义、信息和特征；营销的发展是将管理的概念运用到分销和销售的结果。早在 20 世纪 20 年代中期至 30 年代早期，美国的一些管理先驱，如当时初创不久的 IBM 的老托马斯·沃森（Thomas Watson Sr）、西尔斯·罗巴克（Sears Roebuck）的罗伯特·伍德（Robert E.Wood）和哈佛商学院的埃尔顿·梅奥（Elton Mayo）等，开始质疑生产制造的组织方式。他们认为生产线是一种短期的折中方案。尽管极具生产效率，但其经济效果并不是很好，因为缺乏灵活性、人力资源利用低效及工程效果不佳。于是，他们开始思考和试验，最终导致了"自动化"和信息型组织的出现。他们用自动化的方式来组织生产过程、团队工作和质量小组，用信息型组织的方式来管理人力资源。所有这些管理创新都是将知识应用到工作中去，用系统和信息取代猜测、体力和苦干。用泰勒的话来说，就是"用巧干来取代苦干"。

在"二战"中，这些变化发展的巨大效果得到了强有力的体现。在整个战争中，德国在战略上显然是有优势的。德国的内部补给线要短得多，用较少的后勤部队就能取得与对方相同的作战能力。然而，结果是盟军取得了胜利，是管理使盟军取得了胜利。美国的人口是所有其他交战国总和的 1/5，而参战人员的比例则几乎是一样的，但美国生产的战争物资却超过其他所有参战国的总和。美国把战争物资运输到遥远的中国、苏联、印度、非洲和西欧的作战前线。因此，到战争结束时，几乎全世界都认识到了管理的重要性。在战后主导经济发展的所有国家，管理成了一种独立的工作、一门可以研究和发展的学科。

在"二战"后，我们开始不再把管理局限于企业的范围内。管理适合把各种不同的知识和技能组织到一起的所有人类活动。管理需要应用到所有第三部门组织，如医院、大学、教会、艺术组织和社会服务机构等。"二战"后，美国第三部门组织的发展速度高于企业和政府。非营利组织需要管理志愿者和筹集资金，这是它与营利性组织的不同之处。但在更多的方面，如确定适当的战略和目标、培养发展员工、测评绩效和营销组织服务等，非营利组织和营利组织的管理者需要承担的责任则是一样的。在世界范围内，管理已成为一项崭新的社会职能。

管理和创业

一个重要的进展是，现在管理的学科和实践领域都支持创业和创新。这段时间有假设认为，管理与创业即使不是互相排斥的，也是竞争对立的。这就像说小提琴演奏者按琴弦的手和拉琴弓的手是互相对立和排斥的。其实，两者都是需要的，而且是同时需要的，两者之间必须协调合作。任何现有组织，无论是企业、教会、工会，还是医院，如果不进行创新，很快就会走向衰弱；相反，任何新创组织，也无论是企业、教会、工会，还是医院，如果不进行有效管理，就会崩溃。不进行创新是现有组织衰弱的最大原因，不知道如何管理则是新创组织失败的最大原因。

然而，管理书籍几乎都不关注创业和创新。其中原因之一是，在"二战"后的这段时期所撰写的大多数书籍都把管理现有组织而非新创组织作为主要任务。在这一时期，大多数组织都按照三五十年前确定下来的轨迹发展。但现在情况已经发生了巨大的变化，我们进入了创新时代，但创新并不局限于高科技甚或一般的技术领域。事实上，社会创新也许比科技发明更重要，产生更为深远的影响，这也是本书力图阐明的一个观点。而且，现在我们已经建立了创业和创新的学科。⊖创业和创新当然属于管理的范畴，实际上，也是建立在众所周知并已经验证的管理原则基础上。创业和创新不仅适用于现有组织和新创组织，而且还适用于企业和非营利组织及政府部门。

管理的合法性

管理书籍一般都倾向于关注组织内部的管理职能，而很少接受和关注其社会职能。然而，管理之所以非常普遍，恰恰是因为它具有社会职能，社会职能迫使管理面临最严峻的挑战。管理对谁负责？承担什么责任？管理的权力基础是什么？管理合法性的来源是什么？这些不是企业问题，也不是经济问题，而是政治问题。这些问题是管理在历史上受到最严厉攻击的基本原因。相比马克思主义者或工会发动的攻击，恶意收购则是更为严厉的攻击。恶意收购首先在美国出现，然后遍及各发达国家。员工退休基金的兴起并成为上市公司的控股股东，导致了恶意收购的出现。退休基金虽然是合法的所有者，是经济意义上的投资者，但实际上经常是投机者，它们对企业及其健康发展没有兴趣。它们是受托人，只考虑立竿见影的经济收益，而不关心其他任何事情。至少在美国是这样的。恶意收购的内在假设是，企业的唯一职能是为股东提供最大化的

⊖ 关于这一点，可参见拙著《创新与企业家精神》，由纽约 Harper and Row 出版公司于 1985 年出版。——作者注

短期收益。在缺乏管理和企业方面任何其他正当理由的情况下，恶意收购的"袭击者"四处竞价收购，绝大多数只是立即分拆或掠夺持续经营的企业，为了获取短期收益而牺牲长远利益。

不仅是企业，各种组织的管理人员都必须对绩效负责。绩效如何定义？如何测评？如何执行？管理人员应该对谁负责？这些问题本身就是管理成功和重要性的衡量标准。另外，问这些问题也可以说是对管理人员的一种谴责：因为他们没有勇于面对他们代表权力这一现实，而拥有权力必须承担责任，必须是正当合法的；因为他们没有勇于面对他们对组织成败至关重要这一现实。

管理是什么

管理是什么？管理是一系列的方法和技巧？是商学院教的各种分析工具？当然，这些都是很重要的，就像温度计和解剖学对医生很重要一样。但管理的历史及其发展，无论取得的成功还是存在的问题，都告诉我们：对管理而言，最重要的是很少的几个基本原则。具体来说就是：

- 管理的对象是人类。其任务是使人类能够共同行动，扬长避短，取得成效。这就是组织的全部目的，这也是管理是非常重要的决定要素的原因。如今，我们特别是受过良好教育的人，都在各种管理型组织工作，如各种规模不一的营利或非营利组织。我们的生计取决于管理能力，我们奉献社会的能力也取决于我们所工作的组织的管理能力，就像组织的管理能力取决于我们的技能、奉献和努力一样。

- 因为管理是对共同创业的人员进行整合，所以管理与文化密不可分。无论是在联邦德国、英国、美国，还是在日本或巴西，管理者所做的事情其实是完全相同的，但他们做事的方式则可能是截然不同的。因此，发展中国家的管理者面临的一个基本挑战是，发现和确定他们自己的传统、历史和文化中可用作管理积木的这些部分。日本经济取得了成功，而印度则相对落后，为什么会有这种差异？在很大程度上可以归结为日本管理者能够在自己的文化土壤中移植和引进管理的概念，并使之得以进一步发展。

- 每个组织都需要对共同的目标和价值观做出承诺。没有这种承诺，就没有组织，而有的只是一群乌合之众。组织必须有简单、明确和统一的目标。组织的使命必须非常明确和远大，能够在使命的基础上建立共同的愿景。而目标是具体化的愿景，必须明确，让每个人都知道，还必须不断重申。管理的首要任务是仔细考虑、建立和解释说明这些使命、目标和价值观。

- 因为需求和机会都会变化，因此管理者必须使组织和成员都能够得到发展和成长。每个组织都是教学机构，必须不断地培养和发展组织所有层级的成员。

- 每个组织都是由具有不同知识和技能的人所组成的，他们各司其职，做各种不同的工作。组织必须建立在交流沟通和个人承担职责的基础上。所有成员都需要弄清楚各自的任务目标，并务必让同事知道和理解自己的任务目标。所有成员都必须想清楚自己对其他人的责任，并务必让其他人理解自己对他们的责任。所有成员还必须搞清楚自己需要从其他人那里得到怎样的配合和支持，并务必让其他人知道期望他们配合和支持的是什么。

- 产量和利润并不能充分反映管理和组织的绩效，对组织的绩效和生存发展而言，市场份额、创新、效率、成员发展、质量和财务结果都是非常重要的。非营利组织也需要测评与使命相关的多个指标。就像一个人需要多种指标来测评健康状况和绩效水平，一个组织同样需要多种指标来测评其健康状况和绩效水平。组织及其管理者必须建立绩效体系，对绩效进行判断和测量，同时还必须持续改进绩效。

- 最后，对任何组织而言，需要切记的一件最重要的事情是：成果只存在于外部。企业的成果是满意的客户，医院的成果是治愈的病人，学校的成果是学有所成并能在 10 年后将所学知识技能应用到工作中去的学生。在组织内部，则只有成本。

理解这些原则并能应用到实际中的管理者将会取得成效，成为精明睿智的管理者。

管理是一种博雅技艺

30 年前，英国科学家兼小说家斯诺（C. P. Snow）曾经提到当代社会的"两种文化"。可是，管理既不符合斯诺所说的"人文文化"，也不符合他所说的"科学文化"。管理所关心的是行动和应用，而成果正是对管理的考验，从这一点来看，管理算是一种科技。可是，管理也关心人、人的价值、人的成长与发展，就这一点而言，管理又算是人文学科。另外，管理对社会结构和社群（社区）的关注与影响，也使管理算得上是人文学科。事实上，每一个曾经长年与各种组织里的管理者相处的人（就像本书作者）都知道，管理深深触及一些精神层面关切的问题——像人性的善与恶。

管理因而成为传统上所说的"博雅技艺"（liberal art）——是"博雅"（liberal），因为它关切的是知识的根本、自我认知、智慧和领导力，也是"技艺"（art），因为管理就是实行和应用。管理者从各种人文科学和社会科学中——心理学和哲学、经济学和历史、伦理学，以及从自然科学中，汲取知识与见解，可是，他们必须把这种知识集中在效能和成果上——治疗病人、教育学生、建造桥梁，以及设计和销售容易使用的软件程序等。

管理将日益发展成为一门重要的学科和实践。通过参与管理，人类将重新认识自己、产生影响和建立关系。

第 16 章 | CHAPTER 16

变化中的知识基础

　　300多年前，由于在教学中采用印刷书籍而出现了现代学校。在今以后的几十年间，教育将发生300多年来前所未有的变化。知识正在成为经济中创造各种资源的真正资本和最重要的财富，而这就对学校的教育绩效和教育责任提出了更严格的新要求。知识型员工主导的社会对社会绩效和社会责任提出了更新、更严格的要求。我们必须重新思考什么是受过教育的人。与此同时，教学方法正在发生急剧的变化，这既是因为我们对学习过程有了新的理论理解，也是因为出现了新的技术。最后，学校的许多传统学科教学收效甚微，甚至正在逐渐过时落伍。因此，我们也面临教学内容方面的变化。事实上，我们所理解的知识概念正在发生变化。

教育责任

在知识社会，学历和文凭对就业、生计和职业发展日趋重要，因此所有社会成员都需要有文化。我们现在所讲的有文化不仅是指具备读写和算术能力，还需要掌握基本的电脑技能。知识社会需要成员对技术及其各方面的情况、特征和发展具有广泛的认识理解，而这在当今所有国家基本上都是很欠缺的。知识社会也需要成员对复杂的世界具有广泛的认识理解，而不再将自己的视野局限于所在的城镇、州和国家。然而，这些对自己的民族历史和社区知识也因此日趋重要。新的媒介提供了很多这方面的文化知识。对现在的小孩而言，电视机和录像机确实提供了和学校一样多甚至可能更多的信息，但只有通过学校有目的和有组织的系统学习，才能将这些信息转化为知识，成为个人的财富和工具。

知识社会也要求所有成员掌握学习的方法。知识最基本的特征是迅速变化，而手工艺变化很慢。苏格拉底是石匠，这是他谋生的职业。如果他还健在的话，会和现代石匠一样，仍在自家的院子里打磨石头，但作为哲学家，他一定会对现代哲学的重要学科，如符号逻辑或语言学等，感到非常困惑。10年前从学校毕业的工程师，如果不坚持学习新的知识，就会变得过时落伍，医生、律师、教师、地理学家、管理人员和计算机编程人员也都如此。另外，现代社会有无数可供选择的知识型职业，即使是最好的教育体系，使用时间最长的学制，也无法为学生准备所有职业所需的知识和技能，学校能做的是培养学生的学习能力。后商业时代的知识社会需要终身学习，因此学习是第二职业。

美国学校及其教育重点

虽然到目前为止世界上很多教育系统只是以传统的形式存在，但确实都在普及文化知识，如所有北欧和西欧国家、日本和韩国等。不久前，也就是1960年前，美国的学校也是如此，但现在不再这样做了。主要原因当然是因为把教育使命置于其他社会需要——也就是社会需要的目标之下，美国学校已经不再忠诚于其教育职责。美国学校在普及文化知识方面的失败是美国真正的软肋，这一问题要远比消费产品的高成本和低质量严重得多。在知识社会，知识基础就是经济基础。

在"二战"结束不久，美国学校还居于领先地位。1960年，其他国家的部分最好的学校可能比当时美国最好的学校更好，但没有一个国家能达到美国的总体教育水平。就像美国工业称雄全球导致美国制造商志得意满那样，30年前美国教育的领先水平也同样引起了美国教育界人士的居功自傲。

因此，美国学校的首要任务是恢复并提高普及文化知识的能力和层次，需要远远超越普及小学教育的水平。学校和教育将会是未来美国公众生活和政治活动的中心。我们实际上很清楚需要的是什么，而这一任务甚至也不很困难，但这是高度政治化的任务，需要学校确立高标准和严格的纪律。那些受过良好教育的学生家长已经提出了这方面的要求，但高标准和严格的纪律也遭到了部分家长的抵制。其实他们的孩子最需要高标准和严格的纪律了，特别是贫困的少数族裔的孩子家长，可他们把这样的标准和纪律要求视为种族主义和歧视。这种情况已经发生了，不仅是在美国，在联邦德国大学也发生了这样的情况。在20世纪60年代，如不莱梅等地，新左派掌握了权力。就像美国的雇主拒绝美国问题学校的毕业生那样，联邦德国问题大学的毕业生也面临同样的情况。

在主要发达国家中，美国是唯一没有在教育系统中建立竞争机制的国家。法国从小学教育开始建立了两个平行的体系，一个是公共教育体系，另一个是天主教教育体系，两个体系均由国家财政支付；意大利也是如此；德国有文理高级中学，是为极少数精英提供的大学预科学校；在日本，学校是根据学生的大学入学考试成绩来排名的；成绩好的学校，教师会受到表彰、得到晋升和提高工资待遇。美国的公立学校是一个近乎垄断的体系，没有绩效考核标准，也几乎没有来自内部和外部的竞争压力。明尼苏达州一直以来都是美国社会创新的先锋，在那里，现在家长可以把子女放在州内的任何学校就读，由州政府支付从学区外招生的费用。这是实施教育券制度的第一步。在这一体制下，由州政府支付学生和家长所选择学校的学费。公立学校游说集团强烈抵制这一创意，但这能抵制多长时间？

普遍认为，芝加哥的公立学校位于美国最差学校之列。但同在这一地区的芝加哥天主教教区的教会学校，招收芝加哥最差的贫民区黑人子弟，教学效果却相当不错。然而，这些教学成绩斐然的学校经费却一直相当紧张。对芝加哥老城区的黑人家长而言，即使是很低的学费，也是相当大的负担。芝加哥只有两个选择：要么推行教育券制度，让黑人把孩子送到能够学到点东西的学校就读；要么就像已经在做的那样，让黑人继续抵制教育税收，从而让公立学校慢慢地关门倒闭。不过，需要了解的一点是，黑人可是芝加哥市最大的单一选票来源。芝加哥的白人，无论贫富，早已抛弃了城市的公立学校。他们不是迁居郊区让孩子上优质体面的公立学校，就是把子女送到私立学校就读，这些学校设立了明确的标准，纪律严明，教学业绩斐然。

1984年，美国教师联合会与纽约罗切斯特的市政当局通过谈判达成了新的协议：为达到或提高教学业绩标准的教师提供更高的薪酬待遇，但没有达到业绩标准的教师会被解雇。无可否认的是，无论哪里，只要我们在学校制定了严明的纪律，明确了绩效标准，引进了竞争机制，就一定能够取得成效。当然，这并非奇迹，而是在推行普及文化教育方面取得可以接受的教学质量。

掌握学习方法

推行普及文化知识教育。在知识社会，即使推行更高层次的普及教育，也要比让学生掌握继续学习的知识，培养他们继续学习的能力和兴趣更容易些。现在还没有建立这方面的教育体系。拉丁文有句名言：不是为了考试而学习，而是为了生活而学习。但无论是教师还是学生，都没有认真对待这一名言。事实上，据我所知，除了医学院、法学院、工学院和商学院等这类专业学院，还没有哪个学校会去确定学生究竟学了些什么。我们保存了大量的考试成绩单，但我知道，无论是数学，还是外语和历史等学科，没有哪个学校会去测试学生毕业10年后对考试成绩优异的科目的掌握程度，但我们确实知道如何掌握学习方法。事实上，我们知道这一点已经有2000年了。公元一世纪，古希腊伟大的传记作家和历史学家普鲁塔克（Plutarch）撰写过一本非常有趣的小书《论儿童教育》，是教育孩子方面最早也是最有智慧的著述。学习的全部目的是让学习者取得成就，学习需要专注于学习者的优势和才能，让他们在能够做好的方面取得更为卓越的成就。无论是音乐、表演还是绘画的艺术教师都知道这一点，体育教练也都知道这一点，但学校却没有这样做，而是专注于学生的弱点。教师给10岁学生的家长打电话时通常会说："你们的吉米必须在乘法口诀表上多花点时间，他在这方面落后了。"教师很少会这样说："你家的玛丽作文写得不错，应该在这方面多花些时间，争取更上一层楼。"中小学教师，也包括大学教师，往往会关注学生的弱点。他们这样做是有很好理由的：没有人能够预测10岁的孩子在10～15年后会做什么。当然，到那时候，一个人可能会有很多事情可做，学校必须培养学生以后做各种事情所需的基本技能，他们必须能够做好各种工作。但卓越的成就不是建立在弱点的基础上，甚至不是建立在已经改正的弱点基础上。卓越的成就只能建立在优势的基础之上，而这一点正是传统的学校教育所忽视的。事实上，学校甚至可能认为这是无关紧要的。优势不会产生问题，而学校关注的则是问题。在知识社会，教师可能必须得学会说："我打算让你家的吉米或玛丽进行大量的写作练习，我们需要开发和完善孩子这方面的天赋。"我们在后面还将做进一步的讨论，教学新技术会实现这一理念的，会在很大程度上要求关注优势。

但我们所需的教育体系也必须强调知识的责任。"知识就是力量"已成为一种陈旧的观念。当然，在刚开始时也含有一些真理的成分。从整体而言，知识型员工是"统治者"，他们也必须是"领导者"，而这就要求他们具有良好的性格气质、价值观和伦理道德。"伦理道德教育"现在已经有点声名狼藉了，经常会被用来遏制思考、探讨和不同意见，经常会被用来反复灌输要盲从权威。所以，在很多时候，所谓的道德教育其实是非道德教育。但在下面将要讨论的每一位教育创建者，从孔子到"拉格比的阿诺德"（Arnold of Rugby），都知道没有道德价值观就没有教育。现代教育提倡摆脱道德价值观，但这只会使教育传承错误的价值观，只会导致无所谓、不负责任和愤世嫉俗。在知识社会，必须建立什么样的教育价值观有待进一步的讨论，也必将引起热烈的探讨。对道德价值观的教育和承诺必将是个核心问题，知识和知识分子必须承担起责任。

教育的社会目的

无论是在发达国家还是发展中国家，现在的大多数学校所教的科目其实都是一样的。一般而言，几个世纪以来，教学方法也没有什么变化。然而，虽然学校看起来非常相似，但教育的社会目的，即教育力图塑造的社会及其统治者或领导者，则有很大的不同。

中国儒家的理念是最早形成也是最明确的教育的社会目的：儒家的学者和君子统治国家。远在基督教出现之前，中国就已形成了这样的教育理念，在公元7世纪的唐朝之前成为社会共识，并一直延续到现代。在今天的中国，其高等教育的结构和基本价值观仍受儒家思想的影响。

而在西方，直到16世纪末至17世纪初，才形成了类似的教育的社会目的。当时的耶稣会传教士首先看到，印刷书籍可使他们垄断高等教育，从而控制政治和社会。他们首先设计了现代学校，让他们自己成为贵族和学者的导师。不久之后，捷克人夸美纽斯（John Amos Comenius）率先力推普及教育：发明了教材和初级读本。他希望即使在信奉天主教的哈布斯堡王朝（Habsburgs）的残暴政治统治下，他的同胞也能够因此继续传承新教教义。夸美纽斯认为，有了文化知识，大家就能够在家里阅读《圣经》。即使在今天，捷克斯洛伐克仍有很多少数族裔信奉新教。

在18世纪，整个西方都接受了这一观念：教育和学校是主要的社会力量。美洲殖民地受到了夸美纽斯的强烈影响，一开始就把学校设计成公民的塑造者。托马斯·杰斐逊设计的弗吉尼亚教育体系堪称中国孔子以来最全面的教育策略。他的教育理念是：普及教育、不分尊卑等级、培养民主精英。在19世纪兴起移民高潮时，美国的学校就成了促进新移民美国化的组织机构和美国理念的传播者。美国学校在扮演这一角色上的成功，使我们在一个世纪后仍然选择学校作为种族融合的组织机构。

大约在美洲殖民者制定普及教育体系的同时，19世纪的奥地利皇帝约瑟夫二世（Joseph II）也设计了同样的体系。约瑟夫二世把高等教育——大学预科文理高级中学——作为其社会政策的核心。奥地利的学校和耶稣会教会学校与美洲殖民地学校教相同的课程，但目的却截然不同。约瑟夫二世打算争夺天主教的教育控制权，确保受教育者的理念是世俗化、反宗教的，为有才能的年轻平民提供社会流动性。在教育的社会职能方面，奥地利的高级文理中学取得了成功。尽管民族冲突和紧张关系日益加剧，奥地利帝国仍维持了150年。尽管帝国各地学校的教学语言各不相同，但毕业生都有相同的价值观和气质特征，他们构成了一个受过教育的统治阶级。他们能够超越语言和民族的障碍，共同合作，直至1918年帝国崩溃。

大约在同一时期，也就是18世纪中叶，在遥远的日本，文人利用教育创造了新的愿景和新的社会阶层。他们拒绝官方基于出身确定的社会阶层，即武士、农民和市民三个世袭阶层。他们以知识精英阶层取而代之，只根据学者、书画家和艺术家的成就来确定社会地位，他们因此奠定了现代日本的基础。100年后的1867年，德川幕府时代的封建体制垮台，明治维新开始。明治维新的每一个新领袖都是70年前如书画家贯名海屋（Nukina Kaioku）和赖山阳（Rai Sanyo）等杰出文人创建的学校的毕业生。

为了创造一个新法国，拿破仑精心构建了教育机构。在为新的社会精英阶层创建精英大学时，他还没有当皇帝。他建立了师范学院培养教师，建立了理工学院培养工程师，确保法国无法再回到革命前的社会和政治体制。拿破仑构建的教育体制为法国培养了一个非贵族、反宗教和民族主义的精英统治阶层。直到今天，精英大学的毕业生仍然是法国的统治精英，他们奠定了法国政治和社会的基本价值观和愿景。

几年后的1809年，当时还处于拿破仑战争期间，威廉·冯·洪堡（Wilhelm von Humboldt）创建了第一所现代大学。洪堡是一位政治家，也是开创了现代语言学的伟大学者，他设计的柏林大学是为了应对拿破仑。像拿破仑的精英大学一样，柏林大学也是为了培养平民精英，但其目的并不是为了防止旧体制的复辟，而是为了在革命后的社会维护旧体制的统治。洪堡创建大学的任务是给社会一定程度的知识自由，以及一定程度的市场经济自由，这两者共同支撑了绝对君主制的统治，使之能够得以生存。这就是法治国家（Rechtsstaat），即王在法下（king under the law）而非人治的政治体制。在德国，这种政治体制一直以某种形式维持到1918年。事实上，一直到1933年纳粹主义兴起之前，这种政治体制并没有真正消亡。

现代高等教育的最后一位塑造者是托马斯·阿诺德（Thomas Arnold）博士，他就是著名的拉格比公学校长阿诺德。每一个早期的高等教育体系，如中国、美国、奥地利、日本、法国和德国等国家的高等教育体系，都把学校视为促进社会流动性的组织机构，通过学校教育使能干的有成就的人士能够从底层社会升入上层社会。然而，阿诺德的公学却用来固化社会等级体系。他的公学是教育绅士的，而绅士是天生的，并非学校教育造就的。他把公学改造成贵族寄宿学校，使英国的教育体系成为阻碍社会流动性的障碍。经常有人指出，除了美国，19世纪的英国比其他任何西方国家具有更大的流动性。然而，英国至今仍然受到严重的阶级意识和等级观念的影响。在高等教育体系中，唯独英国的学校不承认，更不用说招收社会底层的能干有成就的年轻人，使之能够晋升到领导阶层或至少能够进入有社会地位的阶层。而在苏格兰，经过18世纪的发展，中小学和大学已经成为社会流动性卓有成效的强大促进力量。

新 的 要 求

在知识社会的新现实下，什么是教育的社会目的和责任？这势必会引起严肃的讨论。这一问题实在太重要了，不能轻率从事，更不能放任自流，无所作为。我们已经知道了一些关键性要求：

- 知识社会的教育是为知识社会服务的，有其社会目的。教育不能没有价值观，没有价值观的教育体系是不存在的。
- 我们需要的教育体系必须是开放式系统，绝不能在受过良好教育的阶层和另一半之间设立不可逾越的鸿沟。无论他们的出身背景、财富状况或过去的受教育程度如何，有能力和有作为的人都应该有机会接受教育，并能够通过教育进入社会上层。这方面已经有了起色。例如，在日本，就期望教师关照班上有潜力的年轻人，确保他们在学业上取得卓越的成绩，能够顺利地从小学升入初中，从初中升入高中，最后从高中升入大学。在日本，教师的职责是不仅要做好课堂教学工作，还需要做好学生和家长的顾问工作。联邦德国利用其传统的学徒训练方式创建了一条与学术发展并行的职业发展途径：一条途径是从学术导向的中学——传统的文理高级中学——升入大学；另一条途径是学徒培训式的职业教育，即年轻人一个星期工作3天，然后再到学校学习3天，从而既获得了实践经验又学到了理论基础。这使他们能够升入高等专科学校（fachhochschule），获得相关文凭，并有进一步深造的机会，特别是商业方面深造的机会。到目前为止，最有前途的是美国的教育体系。在所有其他教育体系中，学生必须在一定的年龄取得相应的文凭，如初中、高中或大学文凭。在德国，学生可以在大学待7~10年，甚至可以一直待下去，但一般必须到19~20岁，才有机会进入大学。日本、英国和法国的情况也一样。在美国，鼓励辍学的中学生几年后再回到学校继续读书，取得中学文凭，再升入大学，取得大学文凭。

- 在传统的教育体系中，每个学校都把自己的教育看作学业的终结。一旦学生在学校读完了规定的学期，就可以"毕业"了。在知识社会则没有"毕业"一说。知识社会要求受过高等教育的人一次又一次地回到学校接受继续教育。继续教育，特别是对受过高等教育的医生、教师、科学家、管理人员、工程师和会计而言，未来必然是一个主要的朝阳行业。然而，到目前为止，除了美国，中小学和大学仍对继续教育持强烈的怀疑态度，如果不是竭力回避的话。

- 教育不能再局限于学校，每个就业组织必须成为教育机构。日本的大型就业组织，无论是政府机构还是企业，都已经认识到了这一点。在这方面，做得最好的是美国。在美国，无论是企业、政府部门还是军队，各种就业组织在员工，特别是在大多数受过高等教育的员工的教育和培训方面所花费的资金和努力，和整个国家的所有大专院校不相上下。欧洲的跨国企业也在日益加强对员工，特别是管理人员的继续教育。

- 最后，防止从知识精英统治堕落成财阀统治，这也是教育的社会责任。必须根据才能和勤奋程度而非富裕程度来授予文凭，只有在这一前提下，才能让文凭来决定工作和职业发展机会。必须注意，避免文凭成为能力而非社会认可的障碍。文凭不能像英国阿诺德的公学那样成为社会阶层的标志。在知识精英统治色彩最浓郁的日本，这一威胁已经成为现实了。日本大学不收学费，即使收费也很低。但越来越多的富人子弟进入著名大学，从而获取政府和企业最有发展前途的工作岗位。如果在家里没有自己的学习房间，日本年轻人不太可能通过大学的入学考试。在日本这样住房很紧张的国家，只有相当富有的家庭才有这样的条件。富裕的家庭或父母受过高等教育的家庭的子女就会有优势，但这种优势绝不能成为其他人不可逾越的障碍。一种解决方案，在美国可能是最有效的解决方案，由学生在大学毕业后通过自己的工作收入来支付高等教育的费用。在现代经济中，其他任何投资的回报都不如高等教育，因此，没有理由让纳税人来为学生买单。虽然学生在读书期间没有钱，但他们因受过高等教育而在一生中获得了额外的收入。让他们从中拿出一部分来回馈社会，这是公正公平的，在经济上也符合平等的原则。

受教育者

教育能够促进经济发展，塑造社会。但教育是通过其"产品"——受教育者——做到这一点的。

受教育者兼具生活和谋生的技能。苏格拉底和拉格比公学的阿诺德只强调生活，而不考虑谋生，认为谋生是无关紧要的，甚至是庸俗的。然而，无论在什么社会，很少有人能够像哲学家苏格拉底那样清心寡欲，或像拉格比公学的"绅士"那样有富裕的父亲供养。所有其他的教育哲学，一直都在寻求生活和谋生两者之间的平衡，知识社会的教育也是如此。它既负担不起受过良好教育能够过好生活但没有生活意义的野蛮人，也负担不起有文化修养但不在乎生活实效的玩世不恭者。在知识社会，教育必须既传播高尚的道德价值观，同时也必须注重具有实效的各种技能，而现在我们的教育体系两者都没有做到。这恰恰是因为我们没有问这样一个问题："在知识社会，何谓受教育者？"

现在，特别是在美国，我们会听到很多抱怨，抱怨人文科学的式微甚至丧失。很多书籍都在悲叹我们对创造文明和文化的伟大传统的疏忽。这些抱怨是言之有理的。我们有可能会出现一个由受过良好教育的野蛮人所组成的社会，确实有这一危险的趋势。但这是谁的过错？据说现在的年轻人对经典不感兴趣，他们是反传统历史的。但如果能够与他们的经历、社会和需要联系起来，以他们喜闻乐见的方式传授历史传统，他们一定会对历史和伟大的传统做出热情的回应。参加继续教育的年龄较大的人，通常缺乏伦理道德、历史和文学等方面的知识来帮助他们理解各自的经历，以及工作生活中面临的各种挑战。他们也渴望掌握科学技术的基本知识，了解政府和政治的运作方式和价值观，简言之，他们渴望构成博雅技艺的一切知识。但需要和他们生活的现实状况结合起来，并以生动活泼的方式进行阐述和展示。我们需要再次展现人文科学的本质作用：开阔视野、明确方向、指导正确的行动。这不是学生的任务，而是教师的职责。60多年前的1927年，法国哲学家朱利安·班达（Julien Benda）出版了《知识分子的背叛》（La Trahison des Clercs）一书，对与他同时代的右翼及左翼学者和作家进行了犀利的抨击，因为他们为了种族和政治信仰不惜牺牲真理。班达的抨击极具预见性，预见了希特勒统治时期德国知识分子对真理的背叛。因势利、傲慢和懒惰而牺牲人文精神同样也是一种背叛。知识社会的来临将会迫使我们用过去的智慧和美好来审视现在的需要和丑陋。这就是人文学者对创建未来生活的贡献。

如何做到这一点？关键是我们可能需要让学生掌握谋生的技能。我们的教育体系几乎还没有让学生准备应对他们将生活、工作和取得成效的现实。我们的学校还没有接受这一现实：在知识社会中，大多数人都是组织的员工，凭工作谋生。他们都在组织工作，他们必须有效地工作，而这和目前教育体系的假设恰恰相反。拉格比公学的阿诺德基于这一假设：其毕业生将是社会的领导者，而没有期望其毕业生会成为组织的员工。美国或德国大学的毕业生是专业人士，大学培养他们成为独立人士或者是小型合伙人应具备的谋生能力。还没有教育机构甚至是管理研究生院力图让学生掌握在组织里有效工作的基本技能，没有培养他们口头和书面的简要明确表达观点的能力，没有培养他们组织和领导自己工作、贡献和职业发展的能力。总而言之，没有培养他们利用组织施展自己抱负、取得成就和落实价值观的技能。值得指出的是，在 2500 年前的《柏拉图对话录》中，作为有意义的生活，苏格拉底对这些已经谈得很多了。

从 教 到 学

我们现在知道人是如何学习的。我们现在知道教和学并非同一硬币的两面，它们是不一样的。我们必须教授只能教会而无法学会的东西，但另一方面，必须学习能学会的东西。几千年来，我们一直把关注点放在教这一方面。然而，我们对教知之甚少。今天优秀教师和 3000 年前优秀教师的教育方式是一样的，但还没有什么人能够复制他们的教育方式。直到 19 世纪行将结束之际，才有人提出了这一问题："我们是如何学习的？"然而，一旦提出了这一问题，我们就迅速积累了新的知识和新的见识。新的知识总要花很长的时间才能转化为技术并付诸实践。因此，我们所掌握的有关学习的知识要远比学校目前已经应用到教学工作中的多。我们现在正处于将有关学习的新知识付诸实践的重要时刻。

我们首先知道不同的人的学习是不一样的。事实上，学习就像一个人的指纹那样，没有两个人的学习是完全一样的。每个人的学习都有不同的速度、节奏和注意广度。如果强迫学习者采用与其不相容的学习速度、节奏或注意广度，就不会有什么效果，而只会引起疲劳和抵触情绪。我们也知道，不同的人要采用不同的方法学习不同的课目。我们大多数人采用不断重复练习的方法学习乘法口诀表，但数学家不需要学习乘法口诀表，而是去理解它；类似地，音乐家不需要学习乐谱，而是去理解乐谱；天生的运动员甚至不需要学习如何接球。但有些事情只有教才能掌握，如价值观、见识和意义及其他一些事情。教师需要确定孩子的优势，指导有天赋的学生取得成就。莫扎特的父亲是位优秀的教师，如果没有父亲的指导，他就不会成为天才音乐家；拉斐尔的父亲也是如此。

我们学的是课程，而教的则是人。

我们已经准备好将这一有关教学的新知识付诸实践，其中一个原因是人口统计特征。在发达国家，现在大多数人都生活在大都市地区，因此学习者不用再局限于对所有人都采用同一教学法的一所学校了。这种教学法是过去小村子能够承担的最大负担。学习者可以在不同学校之间进行选择，每所学校都在走路、骑自行车或乘公交车容易到达的范围之内，但每所学校都提供不同的学习环境。可以预见的是，未来教师的职责是确定学习者的学习方法，指导他们选择最适合个人学习能力的学校。

新的学习技术

新技术会迫使我们做出改变，因为这是有关学习而非教育的新技术。就像 40 年前加拿大人马歇尔·麦克卢汉（Marshall Mcluhan）指出的那样，改变中世纪大学的并非文艺复兴，而是印刷书籍。麦克卢汉的名言"媒介即信息"当然有些夸张，但媒介确实决定了能够传送和接收什么样的信息。同样重要的是，媒介决定了不能传送和接收什么样的信息。媒介在迅速变化，就像印刷书籍是 15 世纪教育的高新科技一样，电脑、电视和视频录像带是 20 世纪教育的高新科技。因此，新技术必定会对学校和学习方式产生深远的影响。

印刷书籍遭到 15 世纪和 16 世纪学校教师的强烈抵制，直到 17 世纪早期耶稣会传教士和夸美纽斯采用印刷书籍创建新式学校才战胜了这一抵制。印刷书籍一开始就迫使学校大幅改变教学方式，在那之前，唯一的学习方式是费力地抄写手抄本或听讲背诵。突然之间，大家可以通过阅读学习了。我们现在处于类似技术革命的早期阶段，现在面临的也许是一场更伟大的技术革命。电脑远比印刷书籍"用户友好"，特别是对孩子而言。电脑的耐心是无限的，无论用户犯了多少错误，电脑都会让用户再次改正。电脑完全处于学习者的控制之下，课堂上的教师不可能做到这一点。在课堂上，忙碌的教师一般都不会有时间应对每个孩子。相反的是，电脑则随时待命，等待孩子的操作指令，无论孩子的速度是快是慢还是一般，无论学习的课程是难还是容易，也无论是学习新的东西还是复习已经学过的内容。与印刷书籍不同的是，电脑的学习方式无限多样，电脑还是非常有趣好玩的。

而且还有电视，可以采取极为丰富生动的视觉教学方法。在 30 秒的广告中所蕴含的教学法可能会比大多数教师一个月的教学课时更丰富。电视广告所蕴含的教学内容是非常次要的，重要的是其展示的技巧、专业精神和说服力。因此，现在孩子上学时如果对教学方法满怀期望，必定会深感失望和沮丧，他们期望的教学水平超出了大多数教师的能力。越来越多的学校会被迫采用电脑、电视、电影、录像带和录音带等教学手段。越来越多的教师会成为监管者和指导者，这在很大程度上就像几百年前的中世纪大学教师所发挥的作用。教师主要的工作是帮助、引导、示范和鼓励，而非传授重要的课程内容。

印刷书籍在西方引起了空前绝后的学习热潮。印刷书籍使各阶层的人能够在自己的家里按照自己的速度学习或和志同道合的人一起学习，也可以使分散在各地的人一起学习。在西方，触发学习热潮的决定性事件并非重新发现古代，古代从来就没有丢掉过，而是印刷书籍这一新技术。现在的电脑和其他技术是否能够催生类似的学习热潮？任何人，只要看见过七八岁的孩子在电脑上花一个小时运行数学程序，或者看见过更小的孩子观看专门为他们制作的《芝麻街》之类的美国教育电视节目，就知道爆发学习热潮的力量正在积聚。即使学校极力进行遏制，新技术产生的学习乐趣也会产生影响。在对新技术强烈抵制了30年后，越来越多的美国和日本学校开始愿意采用这些新技术了，结合到他们的教学方法中，使学生产生浓厚的学习兴趣。在上面的分析中，我们可以看出，触发学生产生热爱学习的兴趣才是教育的精髓所在。

什么是知识

15世纪出现印刷书籍时，如同知识传播的方式一样，知识的概念也立即发生了巨大的变化。现在我们也许处于类似的转折点。就像印刷书籍出现时的学者那样，我们已经经过了200年的时间，在此期间，专业化是获取和传播新知识的捷径。在物理学中，情况可能仍然如此。在其他领域，专业化正在成为获取知识的障碍；对于有效利用知识而言，专业化则是更大的障碍。学术界把知识定义为印刷品，但这肯定不是知识，而是原始数据。知识是改变人或物的信息，是行动的基础或使个人或组织能够采取与众不同和更有效的行动的信息。然而，几乎没有什么新"知识"能够做到这一点。

仅仅 50 年前，当时的伟大学者写的书都很畅销。20 世纪的两位伟大经济学家约翰·梅纳德·凯恩斯和约瑟夫·熊彼特都不是通俗读物作者，然而，很多非经济学家都非常喜欢阅读他们的著作；阿诺德·汤因比（Arnold Toynbee）是英国历史学家，他并没有去迎合 20 世纪 30 年代的大众；两位伟大的古典主义学者伊迪丝·汉密尔顿（Edith Hamilton）和维尔纳·耶戈尔（Werner Jaeger）写的有关希腊的书籍也是如此，然而，他们的著作和美国当时的卓越历史学家一样，常常位列畅销书排行榜。现在的学者为了在学术杂志上发表论文不得不支付版面费，而这些文章甚至连他们的同行都不会去看一下。

我们不再接受古训：知识分子有责任让大众理解他们的思想。然而，如果知识分子不能做到这一点，就不能产生新的知识。读者就在那里，事实上，他们正在那里饥肠辘辘地等待着。一旦优秀的学者，如美国历史学家巴巴拉·塔奇曼（Barbara Tuchman）、法国历史学家费尔南·布罗代尔（Fernand Braudel）、英国天体物理学家斯蒂芬·霍金（Stephen Hawking）等，用优美典雅的散文形式精心呈现他们的研究成果时，他们撰写的书籍就会立即引起轰动，大家争相传颂。学术界为什么会出现蒙昧主义现象？谁应该为此负责？这不在本书的讨论范围之内。重要的是，学术专家学习的知识性正在迅速消失，他们的学习说得好听一点是博学，说得难听一点只是获取数据而已。至少在自然科学之外，200 年来产生知识的学科和方法已经不再那么有效了。事实上，跨学科研究的迅速发展，验证了我们已经不再从学科内部获取新知识，而在 19 和 20 世纪，我们都是围绕学科组织教学和研究的。

1943 年，德国移居瑞士的小说家赫尔曼·黑塞（Hermann Hesse）发表了他的最后一本小说《玻璃球游戏》（*Das Glasperlenspiel*）。他构思了一个知识分子的世外桃源。在那里，知识分子演奏中国音乐，琢磨诸如题目为玻璃珠子之类的晦涩谜底，避免和庸俗的外部世界接触。黑塞构思的是，在纳粹统治时期，德国思想家和作家退缩到自我封闭的内心世界，追求洁身自好、自我完善的境界。但黑塞小说中的男主角最后还是拒绝了知识分子思想的自我封闭和自我放逐的游戏，回归肮脏、充满嘈杂、污染和堕落的真实世界，因此是真实知识的世界。现在我们的学术界没有希特勒时代德国知识分子的那种借口了，但他们大多数人却退缩到黑塞的玻璃珠子游戏中去了。现在他们是否会再次有效地利用知识，也就是再次使之成为真正的知识？

学校和教育必然会面临重大变化。知识社会需要这种变化，新的学习理论和学习技术将会触发这种变化。当然，我们不知道这种变化降临的速度，但我们能够很有把握地预测这种变化首先会发生在哪里和在哪里会产生最重大的影响：那就是美国。这部分是因为美国具有最开放和最灵活的教育体系，它的集权化和组织的严密程度是最低的；另外，还因为美国人对现状也是最不满意的，而这当然是有充分理由的。

结　论

从分析到感知：新世界观

在1680年前后，当时在德国工作的法国物理学家丹尼斯·帕潘（Denis Papin）发明了蒸汽机。他是新教徒，因宗教迫害而离开自己的祖国。他是否真的制造了一台蒸汽机，我们不得而知，但他确实设计了一台蒸汽机，把第一只安全阀组装到了蒸汽机上。在几十年后的1715年，托马斯·纽科门（Thomas Newcomen）在英国的一个煤矿里使用了蒸汽机，从而使采煤工作得以顺利进行，因为英国煤矿的地下水一直泛滥成灾。纽科门的蒸汽机标志着一个新时代——蒸汽时代——的开始。从那时以来的250年间，技术的模式一直是机械的，矿物燃料迅速成为主要的能源。动力的最终来源是太阳。1945年，原子裂变复制了太阳内部的反应过程，这是人类利用能源的极致，迄今为止我们都没有超越这一极致。1945年，以机械宇宙观（mechanical universe）为模式的时代结束了。一年后的1946年，第一台计算机"ENIAC"投入使用，这就开启了信息时代，信息成为工作的基本组织原则。然而，信息是生物过程而非机械过程的基本原则。

组织工作基本原则的变化对文明的影响几乎是无与伦比的。在公元800～900年，北欧本笃会传教士发明了一种新的能源。而在此之前，在科学技术、文化和文明各方面，中国遥遥领先于西方各国。当时的主要能源（如果不是唯一的能源），一直是两条腿的动物——"人"。拉犁的是农民的妻子。马轭使畜力第一次替代了农民的妻子。本笃会传教士也把古代的玩具——水轮和风车改造成第一代机器。在200年间，西方在技术方面超越了中国。700年后，帕潘的蒸汽机创建了新的技术和新的世界观——机械宇宙观。

1946年，随着计算机的诞生，信息成为生产的基本组织原则，而这又开启了一个全新的人类文明时代。

信息的社会影响

新信息技术对物质文明、产品服务和企业产生了广泛的影响。现在，有关这方面的阐述，无论是口头还是书面的，都很多，甚至是太多了。然而，其对社会的影响至少也是同样重要的，也许更为重要。事实上，其中有一个影响受到了广泛的关注。信息技术的这一变化发展触发了创业的爆发式发展。事实上，20世纪70年代后期在美国兴起的创业浪潮，10年内就扩展到了所有发达国家。这是300年前丹尼斯·帕潘发明蒸汽机以来的第四次创业浪潮。第一次发生在17世纪中叶到18世纪早期，由商业革命引发，能够承载大量货物远距离运输的远洋货船的发明，导致了贸易的巨大扩张；第二次创业浪潮始于 18 世纪中叶，持续到 19 世纪中叶——就是我们大家都知道的工业革命；第三次创业浪潮发轫于 1870 年前后，由新兴工业所触发，我们不仅应用了各种不同的动力，还在历史上第一次把动力转化成前所未有或以前数量很少的产品，如电气产品、电话、电子产品、钢铁、化工产品、药品、汽车和飞机等。

我们现在则处于信息和生物技术推动的第四次创业浪潮中。像前几次创业浪潮一样，这一次也不局限于高科技，同样涉及中科技、低科技甚至非科技领域；也不局限于新创或中小企业，现有或大型企业同样置身其中，而且往往具有最大的影响和效果；也不局限于技术的发明创新，社会创新也是创业，也同样重要。工业革命的一些社会创新，如现代军队、行政机构、邮政服务、商业银行等，当然与铁路或汽船具有同样的影响力。类似地，现在的社会创新方面的创业，特别是在政治、政府、教育和经济方面的创新，与任何新技术或新物质产品方面的创业是同样重要的。

信息的另一个重要社会影响也引起了广泛的关注和讨论：对民族国家，特别是对 20 世纪过度庞大臃肿的极权体制的民族国家的影响。其实，极权体制本身就是如报纸、电影、广播等现代媒体的产物，并只有在其对信息进行全面控制的情况下才能够生存。但现在大家都能够在家中通过卫星直接接收信息，而接收所用的碟形接收器又非常小，秘密警察很难找到它们。在这种情况下，政府控制信息已经是不可能的了。事实上，信息是跨国界的，与资金一样，信息不分国界。因为信息不分国界，所以会形成新的跨国社区，社区成员不需要见面就可以进行交流分享。世界经济，特别是资金和信贷的符号经济，现在已经形成了没有国籍的跨国社区了。

然而，其他的社会影响虽然也很重要，但并没有引起广泛的关注和讨论。其中之一是 20 世纪城市的可能（事实上是几乎必然的）演变。城市是 19 世纪送人去工作的火车、有轨电车、自行车和汽车等交通工具的巨大突破性发展所催生的，而 20 世纪则通过传送创意和信息把工作分配给人的能力的巨大突破性发展而引发了城市的演变。事实上，如东京、纽约、洛杉矶、伦敦、巴黎和孟买等中心城市的功能已经严重老化，不再能有效地满足现代的需要。我们不再能够快捷顺畅地运送城市人口：到东京或纽约的办公楼需要在拥挤不堪的地铁车厢里挤上两小时，混乱不堪的伦敦皮卡迪利广场（Piccadilly Circus）或每天早上和傍晚洛杉矶高速公路两小时的交通拥堵，都印证了这一点。在处理信用卡、工程设计、保单和理赔或病历档案等工作中，我们已开始把信息传送到人们居住的地方——当然是在城市之外的地方。越来越多的人在家里工作，更多的人喜欢远离拥挤的中心城市，到周边的小型卫星城市工作。传真机、双向视频、用户电报和电话会议等正在替代铁路、汽车以及飞机等交通工具。20 世纪七八十年代，所有大城市房地产市场的繁荣和令人瞩目的高速发展，并非健康的信号，而是中心城市衰微的开始。它们的衰微也许是缓慢的，我们不再需要雄伟壮观的中心城市，至少是不需要中心城市目前的这种形式和功能。城市也许会成为辐射新闻、数据和音乐等信息的地方，也就是成为信息中心，而非工作中心。城市也许会像中世纪的大教堂那样，周边乡村的农民每年到大教堂里举行一两次盛大的节日庆典，而在其他时候，除非用作神职人员和教会学校的学习场所，则都是空荡荡的。未来的大学是否也会成为发送信息的知识中心而非学生实际学习的场所？

然而，在很大程度上，工作场所也决定了工作方式。工作场所会对工作内容产生强烈影响。我们能够确信会产生巨大影响，但到目前为止，我们甚至还不能猜测产生影响的方式和时机。

形式和功能

对某一给定的任务或组织而言，多大的规模才是合适的，这将是个核心问题。在机械系统中，要取得更大的业绩，就需要更大的规模。但对生物系统而言，情况就不是这样的。规模是由功能决定的。蟑螂太大当然是不会有什么效率的，而大象太小也同样不会有什么效率。生物学家喜欢说："老鼠知道成功所需的一切要素。"如果问老鼠是否比人聪明，那当然是个愚蠢的问题。但在成功需要什么要素的问题上，老鼠可比其他任何动物都聪明，其中也包括人 [苏格兰生物学家达西·温特沃斯·汤普森（D'Arcy Wentworth Thompson）在1917年撰写的《生长和形态》（*On Growth and Form*）一书中对这方面做了最好的阐述。这是本组织设计和组织结构方面的必读书籍]。在信息社会中，规模是个函数和因变量，而非自变量。事实上，信息的特征是：最小的有效规模是最好的。只有在通过其他方式无法完成任务的情况下，扩大规模才是合适的。

有效沟通有两个要素：信息和意义。意义需要沟通理解。如果我不懂某人所讲的语言，即使声音非常清楚，我们之间打电话交流也不会有任何效果。除非我懂这种语言，不然就不会有任何意义。对化学家而言，气象学家能够理解的信息很可能是莫名其妙的，不知道是什么意思。然而，如果群体很大，沟通的效果就不会很好。在这种情况下，需要反复沟通，不断重申交流内容。这就需要解释的能力，也需要形成一个共同的社区。"我理解信息的意义，因为我现在知道东京、伦敦或北京的人的想法。"知道或理解是将信息转化成沟通的催化剂。

从大萧条到20世纪70年代的50年间，发展趋势是集权化和大规模。在1929年以前，除了做外科手术，医生不会要求病人住院治疗。在20世纪20年代之前，婴儿一般都在家里出生，而不在医院接生。直到20世纪30年代，美国高等教育的主要形式都是中小型的人文学院。"二战"之后，美国高等教育才向规模庞大的大学和规模更恢宏的研究型大学转型，政府也是如此。"二战"之后，追求宏大规模也成为让企业痴迷的时尚，每家企业似乎必须得扩大到规模10亿美元才行。然而，到了20世纪70年代，潮流开始转向了，大规模不再是好政府的标志。在医疗保健行业，我们现在认为，只要能够在医院之外做的事情，最好就不要到医院里去做。在20世纪70年代以前的美国，大家认为即使是轻微的精神病人，最好也能够住院治疗。而从那以后，医院就不再收留对其他人没有威胁的精神病人了。当然，结果也不一定都是好的。在20世纪的前面75年，特别是"二战"之后的这段时期，我们都非常崇拜规模，但现在我们已经开始不再迷信规模了。我们正在迅速重组和剥离大型企业；我们正在把中央政府的工作任务转移到地方政府，特别是在美国；我们正在私有化和外包政府的任务，特别是地方社区的任务，将其外包给小型外部承包商。

因此，某一任务需要多大的规模将越来越是个核心问题。这一任务最好是由蜜蜂、蜂鸟、老鼠、鹿还是大象来完成？我们需要各种不同的规模，但不同的任务需要不同的规模和不同的生态系统。只要能够最有效地处理完成任务和职能所需的信息，那就是合适的规模。传统组织是通过命令和控制的方式所构建的，而信息型组织结构将由最优的信息系统所构建。

从分析到感知

技术不是自然发生的，而是人创造发明的。技术不是工具，而是人类的工作方式。阿尔弗雷德·拉塞尔·华莱士（Alfred Russel Wallace）和查尔斯·达尔文（Charles Darwin）共同发现了进化论。他们认为："人类是唯一能够自我设定进化目标和方向的动物。人类能够制造工具。"恰恰因为技术是人类能力的扩展，所以基本的技术变化，既表达了我们的世界观，也因此改变了我们的世界观。

机械宇宙观中的理性分析世界观是丹尼斯·帕潘所处时代——17世纪后期——出现的。从某一方面而言，计算机是这一观念的最终表达方式。计算机的最终分析基于戈特弗里德·莱布尼兹（Gottfried Leibnitz）发现的二进制。莱布尼兹是哲学家和数学家，是帕潘的同时代人和朋友，他认为所有数据都能够用"1"和"0"这两个二进制数字来表达。在1910~1913年，伯特兰·罗素（Bertrand Russell）和阿尔弗雷德·怀海德（Alfred Whitehead）出版了《数学原理》(*Principia Mathematic*)一书。他们认为，如果能够转化为明确的数据，那么任何概念都能够用1和0来表示。这样就把二进制分析从数字扩展到了逻辑，从而使计算机能够进行理性的分析。

理性分析模式可以追溯到帕潘自己的老师勒内·笛卡尔（René Descartes）那里。计算机既是理性分析模式的发展结果，同时也迫使我们超越这一模式。信息本身就是可以理性分析的，但信息同时又是每一生物过程的组织原则。现代生物学认为，生命可以用遗传密码（即编码信息）来表示。事实上，如果我们不求助超自然物，那么我们对神秘的真实生命的唯一定义就是一种信息组成的物体。生物过程不是分析性的。在机械现象中，整体是部分之和，因此可以通过分析进行理解。在生物现象中，整体并非部分之和。信息确实是可以理性分析的，但意义则不可以理性分析，而是需要感知的。

丹尼斯·帕潘及其同时代的数学家和哲学家所形成的世界观认为，感知是一种直觉，是神秘、不合逻辑、难以理解和解释的。虽然许多科学家否认感知的存在，但科学并不否认其存在。然而，科学否认感知的有效性。理性分析者认为，直觉既不可以教育也不可以培养。机械世界观认为感知是不严谨的，而是将其归类为生活中的细枝末节，也就是可有可无的。我们在学校教艺术欣赏，那是沉迷于愉悦。我们没有将艺术作为艺术家的一门严谨、要求苛刻的学科。

而在有机宇宙观（biological universe）中，感知则处于核心地位。感知能够而且确实必须进行培养和发展。我们听到的是"CAT"（猫）整个单词，而不是"C""A""T"几个字母。在现代习语中，"C""A""T"是字节，二进制中的数位，把它们拆分开来是一种分析。然而，事实上，如果不能把二进制的数位整合起来，计算机就无法有效地处理任何有意义的事情。这就是专家系统所做的事情，也就是让计算机进行逻辑处理；这就是分析的过程，感性经验就来源于对整个任务或问题的理解。

其实，远在电脑出现之前我们就已经开始转向感知。几乎在一个世纪之前，也就是19世纪90年代，完形（格式塔）心理学（configuration psychology）就已经首先认识到我们听到的是"cat"而非"C""A""T"。它首先认识到我们是在感知。从此以后，几乎所有的心理学，如发展心理学（如孩子的发展）、行为心理学、临床心理学等，都从分析转向感知。甚至后弗洛伊德时代的心理分析（psychoanalysis）都在转向心理感知（psychoperception），力图理解人而非其结构和动机。在政府和企业计划中，我们谈得越来越多的是"情境"（scenarios），而情境的假设需要从感知出发。当然，任何生态系统需要的都是感知而非分析。在生态系统中，我们必须把握和理解整体，而只有在把握和理解整体的情况下，部分才有存在的意义。

大约在50年前，美国佛蒙特州的本宁顿学院（Bennington College）率先在其开设的人文艺术课程中教授艺术行为，如绘画、雕塑、陶艺和演奏乐器等，将其作为人文艺术教育的有机部分。在当时，这可是标新立异之举，违背令人尊敬的学术传统，而现在则是每所美国大学的常规做法了。40年前，公众一般都不认同非客观现实的现代派绘画艺术；而现在，展览现代派画家作品的博物馆和画廊人头攒动，很多作品的售价打破了纪录。现代派绘画的现代性是力图揭示画家而非观赏者所看到的东西，其揭示的是对某种意义的感知而非对客观现实的描绘。

300年前，笛卡尔曾经说过："我思故我在。"而现在我们得说："我看故我在。"自笛卡尔以来，我们强调的是理性。我们日益需要平衡理性和感性。事实上，本书力图应对的新现实是格式塔式的，同样需要感性认知和理性分析，如在新型多元化下的动态失衡、多国和跨国经济及跨国生态系统、急需的新型受教育者等。本书力图引起我们对新现实的认真观察和思考，因为观察和思考是同样需要的。

在笛卡尔及其同时代的伽利略奠定了机械宇宙观的科学基础之后，过了100多年，伊曼努尔·康德（Immanuel Kant）才提出了形而上学，形成了新的世界观。然后，他在1781年出版的《纯粹理性批判》(Critique of Pure Reason)主导了西方哲学一个多世纪。它甚至为康德的对立者，诸如弗里德里希·威廉·尼采（Friedrich Nietzsche）等，定义了许多很有意义的问题。康德甚至还为20世纪上半叶的路德维希·冯·维特根斯坦（Ludwig von Wittgenstein）定义了"知识"。但现代哲学家已经不再关注康德曾经关心的问题了，他们需要应对格式塔的符号、模式、意识和语言，他们需要应对感性。因此，从机械宇宙观到有机宇宙观的转变，最终必然需要对哲学进行新的整合，康德也许会称为"纯粹感性批判"（Critique of Pure Perception）。

译者后记

组织管理涉及三个基本战略问题：现状、未来和策略。组织必须立足现状，面向未来，并采取实现未来愿景目标的方法措施，这就需要组织领导者准确预测未来的情况。但未来的情况并非现状的简单延伸，从现状到未来的发展过程中，会出现许多政治、军事、经济、技术、文化和商业等方面无法预料的情况。在20世纪80年代，谁又能预测到现在互联网蓬勃发展的局面？谁能预测到如今乌克兰的乱局？谁能预测到美国次贷危机和欧洲债务危机会给世界经济带来如此严重的影响？因此，德鲁克有句名言："你无法预测未来，但可以创造未来。"

德鲁克不提倡预测，也不认为自己是预言家，但要了解已经发生的状况会对未来产生怎样的影响。正是基于这一点，德鲁克常常能够非常准确地预测未来的发展态势。早在1927年，他就预言希特勒的即将崛起，但在1933年希特勒上台后不久，他就迅速离开了德国；1954年，他就提出了"管理需要战略",当时大家都不以为然,但到了1975年,战略已成为管理界的热门话题;1959年,德鲁克首次提出了"知识型员工"的概念,而在本书中,他指出未来组织的主体是知识型员工;1985年,德鲁克告诉当时的花旗集团主席,柏林墙快要倒了,却被当作无稽之谈,而1989年柏林墙就真的倒了;1986年,德鲁克指出苏联必将解体,亨利·基辛格撰文称德鲁克疯了,1991年苏联也真的解体了。

德鲁克在序言中指出,本书并非预测未来的书籍,探讨的课题都不是预测性的,而是在描述新的现实。他在1989年撰写本书的出发点是,下一世纪(21世纪)已然来临。事实上,就像在第1章中所指出的那样,早在1968~1973年所形成的历史分水岭,就标志着我们已进入21世纪。

在本书中,德鲁克以一种恢宏的历史视野界定了200年来社会发展的分水岭:上一个历史分水岭是一个世纪前的1873年,标志着100年来自由放任的主流政治信念的终结;1968~1973年所形成的分水岭,则标志着政府作为进步源泉时代的谢幕。在本书中,德鲁克还揭示了"社会拯救"信念的式微,预见了苏联的解体,指出了军备的破坏性和军队作用的日薄西山。

在本书中,德鲁克描述了单一目的型组织这一社会和政治新型多元化的现实、特征及其产生的影响;德鲁克还用专门的章节阐述了政治领导力中魅力的危害。

在本书中,德鲁克勾勒出了跨国经济和跨国生态的特征。他认为,在跨国经济中,管理已开始成为决定性的生产要素,需要确立的目标不再是"利润最大化",而是"市场最大化"。各国政府应该制定的经济政策既非自由贸易,也非保护主义,而是地区之间的互惠互利。在本书中,德鲁克指出，"二战"以来，世界经济发展是空前的，但现实经济的发展则是不平衡的，也没有消灭贫穷。事实证明，计划经济和幼稚产业保护都不能取得成效。德鲁克还指出，现有经济理论已不再适应现实的发展了，我们需要建立新的经济理论。

德鲁克认为，在后商业社会，发达国家都在向知识社会转变，社会的重心已经转向知识型员工。在未来社会，知识和教育是获取理想工作和职业发展机会的通行证。知识已成为发达经济体的资本，而缺乏知识和技能的蓝领工人正在迅速边缘化，这最终会影响我们对知识的概念及如何学习和传授知识的方法。在本书中，德鲁克指出，在美国，改造人类的非营利组织正在迅速崛起。管理已成为社会的核心功能和新的独特人文学科，而组织正向新的形式——信息型组织转变，其结构是扁平型的。

众所周知，德鲁克是"现代管理学之父"，被誉为"大师中的大师"。然而，他却称自己为"社会生态学家"。他的著述常常跨越时空，信手拈来各种历史典故，遍采政治、军事、经济、法律、社会学、人类学、心理学、文学、艺术和音乐各科之精华，提炼出简明扼要的独特见解，为管理者指点迷津，也往往会使人产生豁然开朗的顿悟。本书就是这样一本经典力作，德鲁克以哲人般的睿智预见了瞬息万变世界的诸多重大核心问题，是我们理解一直都在迅速变化的世界政治、军事、经济、教育、信息技术和企业的必读之作，同时也展示了德鲁克作为社会生态学家令人折服的风采和远见卓识。

本书的翻译得到了浙江师范大学经济与管理学院王瑜琰、楼筱筱、刘倩晔、林文合与外国语学院朱梦佳、裴英男等的热心帮助，他们参与了部分章节的初译，认真仔细地查核了书中出现的大量专有名称，特别是王瑜琰反复细致地核对了初步查阅中出现的各种问题，并对第1章内容提出了一些中肯的意见。真诚感谢他们为本书翻译所付出的诸多辛苦和努力！在翻译过程中，本书责任编辑给予了各种帮助和支持，在此也一并致以诚挚的谢意！

  本书涉及众多的学科知识。作为社会生态学家，德鲁克展现了其天才般的非凡洞察力和极为渊博的知识才华。这一方面让译者深受启发，但另一方面也给译者造成了很大的困难，在翻译过程中常有力所不及的困惑。因此，敬请专家、读者对翻译中存在的各种问题进行批评指正！

吴振阳

彼得·德鲁克全集

序号	书名	要点提示
1	工业人的未来 The Future of Industrial Man	工业社会三部曲之一，帮助读者理解工业社会的基本单元——企业及其管理的全貌
2	公司的概念 Concept of the Corporation	工业社会三部曲之一，揭示组织如何运行，它所面临的挑战、问题和遵循的基本原理
3	新社会 The New Society: The Anatomy of Industrial Order	工业社会三部曲之一，堪称一部预言，书中揭示的趋势在短短十几年都变成了现实，体现了德鲁克在管理、社会、政治、历史和心理方面的高度智慧
4	管理的实践 The Practice of Management	德鲁克因为这本书开创了管理"学科"，奠定了现代管理学之父的地位
5	已经发生的未来 Landmarks of Tomorrow: A Report on the New "Post-Modern" World	论述了"后现代"新世界的思想转变，阐述了世界面临的四个现实性挑战，关注人类存在的精神实质
6	为成果而管理 Managing for Results	探讨企业为创造经济绩效和经济成果，必须完成的经济任务
7	卓有成效的管理者 The Effective Executive	彼得·德鲁克最为畅销的一本书，谈个人管理，包含了目标管理与时间管理等决定个人是否能卓有成效的关键问题
8 ☆	不连续的时代 The Age of Discontinuity	应对社会巨变的行动纲领，德鲁克洞察未来的巅峰之作
9 ☆	面向未来的管理者 Preparing Tomorrow's Business Leaders Today	德鲁克编辑的文集，探讨商业系统和商学院五十年的结构变化，以及成为未来的商业领袖需要做哪些准备
10 ☆	技术与管理 Technology, Management and Society	从技术及其历史说起，探讨从事工作之人的问题，旨在启发人们如何努力使自己变得卓有成效
11 ☆	人与商业 Men, Ideas, and Politics	侧重商业与社会，把握根本性的商业变革、思想与行为之间的关系，在结构复杂的组织中发挥领导力
12	管理：使命、责任、实践（实践篇） Management:Tasks,Responsibilities,Practices	为管理者提供一套指引管理者实践的条理化"认知体系"
13	管理：使命、责任、实践（使命篇） Management:Tasks,Responsibilities,Practices	
14	管理：使命、责任、实践（责任篇） Management:Tasks,Responsibilities,Practices	
15	养老金革命 The Pension Fund Revolution	探讨人口老龄化社会下，养老金革命给美国经济带来的影响
16	人与绩效：德鲁克论管理精华 People and Performance: The Best of Peter Drucker on Management	广义文化背景中，管理复杂而又不断变化的维度与任务，提出了诸多开创性意见
17 ☆	认识管理 An Introductory View of Management	德鲁克写给步入管理殿堂者的通识入门书
18	德鲁克经典管理案例解析（纪念版） Management Cases(Revised Edition)	提出管理中10个经典场景，将管理原理应用于实践

彼得·德鲁克全集

序号	书名	要点提示
19	旁观者：管理大师德鲁克回忆录 Adventures of a Bystander	德鲁克回忆录
20	动荡时代的管理 Managing in Turbulent Times	在动荡的商业环境中，高管理层、中级管理层和一线主管应该做什么
21 ☆	迈向经济新纪元 Toward the Next Economics and Other Essays	社会动态变化及其对企业等组织机构的影响
22 ☆	时代变局中的管理者 The Changing World of the Executive	管理者的角色内涵的变化、他们的任务和使命、面临的问题和机遇以及他们的发展趋势
23	最后的完美世界 The Last of All Possible Worlds	德鲁克生平仅著两部小说之一
24	行善的诱惑 The Temptation to Do Good	德鲁克生平仅著两部小说之一
25	创新与企业家精神 Innovation and Entrepreneurship:Practice and Principles	探讨创新的原则，使创新成为提升绩效的利器
26	管理前沿 The Frontiers of Management	德鲁克对未来企业成功经营策略和方法的预测
27	管理新现实 The New Realities	理解世界政治、政府、经济、信息技术和商业的必读之作
28	非营利组织的管理 Managing the Non-Profit Organization	探讨非营利组织如何实现社会价值
29	管理未来 Managing for the Future:The 1990s and Beyond	解决经理人身边的经济、人、管理、组织等企业内外的具体问题
30 ☆	生态愿景 The Ecological Vision	对个人与社会关系的探讨，对经济、技术、艺术的审视等
31 ☆	知识社会 Post-Capitalist Society	探索与分析了我们如何从一个基于资本、土地和劳动力的社会，转向一个以知识作为主要资源、以组织作为核心结构的社会
32	巨变时代的管理 Managing in a Time of Great Change	德鲁克探讨变革时代的管理与管理者、组织面临的变革与挑战、世界区域经济的力量和趋势分析，政府及社会管理的洞见
33	德鲁克看中国与日本：德鲁克对话"日本商业圣手"中内功 Drucker on Asia	明确指出了自由市场和自由企业，中日两国等所面临的挑战，个人、企业的应对方法
34	德鲁克论管理 Peter Drucker on the Profession of Management	德鲁克发表于《哈佛商业评论》的文章精心编纂，聚焦管理问题的"答案之书"
35	21世纪的管理挑战 Management Challenges for the 21st Century	德鲁克从6大方面深刻分析管理者和知识工作者个人正面临的挑战
36	德鲁克管理思想精要 The Essential Drucker	从德鲁克60年管理工作经历和作品中精心挑选、编写而成，德鲁克管理思想的精髓
37	下一个社会的管理 Managing in the Next Society	探讨管理者如何利用这些人口因素与信息革命的巨变，知识工作者的崛起等变化，将之转变成企业的机会
38	功能社会：德鲁克自选集 A Functioning society	汇集了德鲁克在社区、社会和政治结构领域的观点
39 ☆	德鲁克演讲实录 The Drucker Lectures	德鲁克60年经典演讲集锦，感悟大师思想的发展历程
40	管理（原书修订版） Management(Revised Edition)	融入了德鲁克于1974~2005年间有关管理的著述
41	卓有成效管理者的实践（纪念版） The Effective Executive in Action	一本教你做正确的事，继而实现卓有成效的日志笔记本式作品

注：序号有标记的书是新增引进翻译出版的作品